Das
Bamberger Landrecht

in systematischer Darstellung

nebst

Anhang:

Das Verhältniß des Bamberger Rechts zum Bürgerlichen Gesetzbuch.

Von

Dr. J. Pfeilschifter,
k. II. Staatsanwalt in Bamberg.

München.
J. Schweitzer Verlag (Jos. Eichbichler)
1898.

Inhalt.

Vorwort.

Einleitung.

Erstes Buch.

Familienrecht.

Erster Abschnitt.

Eherecht.

Erster Titel.

Zweiter Titel.

Eingehung der Ehe.

Dritter Titel.

Eheliches Güterrecht.

Zweiter Titel.

Rechtliche Stellung der unehelichen Kinder.

Dritter Abschnitt.

Vormundschaft.

Erster Titel.

Zweiter Titel.

Dritter Titel.

Vierter Titel.

Zweites Buch.

Erbrecht.

Erster Abschnitt.

Berufung zur Erbschaft.

Erster Titel.

Berufung durch letztwillige Verfügung.

Zweiter Titel.

Berufung durch Gesetz (Intestaterbfolge).

Dritter Titel.

Berufung gegen den Willen des Erblassers. (Pflichttheilsrecht).

Zweiter Abschnitt.

Erwerb der Erbschaft.

Erster Titel.

Art und Weise des Erwerbs der Erbschaft.

Zweiter Titel.

Wirkungen des Erwerbs der Erbschaft.

Dritter Abschnitt.

Erster Anhang.

Zweiter Anhang.

Alphabetisches Register.

Verzeichniß
der
Abkürzungen.

Bl. f. RA.	Blätter für Rechtsanwendung.
Bl. f. RA. Erg.Bd.	Blätter für Rechtsanwendung, Ergänzungsband.
Becher	Becher, Bayerisches Landescivilrecht und Landescivilprozeßrecht, 1896.
Comm.	Commentar zum Bamberger Landrecht von J. M. Hanauer, Bamberg, 1769.
Darstellung	Darstellung des im Königreich Bayern bestehenden ehelichen Güterrechts, 1878.
E. d. R.G. in C.S.	Entscheidung des Reichsgerichts in Civilsachen.
E. d. R.G. i. Str.S.	Entscheidung des Reichsgerichts in Strafsachen.
E. d. Handelsapp.G.	Entscheidung des Handelsappellationsgerichts für Bayern.
Fick	Fick, die bäuerliche Erbfolge im rechtsrheinischen Bayern, 1895.
Hauser, Ztschr. f. R.R.	Hauser, Zeitschrift für Reichsrecht.
Landr.	Bamberger Landrecht von 1769.
Neubauer	Neubauer, das in Deutschland geltende eheliche Güterrecht. 2. Aufl. 1889.
Pflaum, Entw.	Pflaum, Entwurf zur neuen Bambergischen peinlichen Gesetzgebung von M. Pflaum, Bamberg 1792.
Rosenkrantz	Rosenkrantz, Handbuch des Pflegschaftswesens 1860.
Roth	Roth, Bayerisches Civilrecht Bd. I, 2. Aufl. 1881; Bd. III 1. Aufl. 1875.

Seuff. Arch.	Seuffert, Archiv.
Slg.	Sammlung von Entscheidungen des obersten Gerichtshofes und des obersten Landesgerichts in Bayern in Gegenständen des Civilrechts und des Civilprozesses.
Spies .	Spies, Handbuch des Bamberger Provinzialrechts. 1838.
Ztschr. f. Gesetzg. u. R.	Zeitschrift für Gesetzgebung und Rechtspflege des Königreichs Bayern.
Wagner, Handbuch	Wagner, Handbuch des amtsgerichtlichen Verfahrens, 2. Aufl. 1895.
Weber	Weber, Darstellung der sämmtlichen Provinzial- und Statutarrechte des Königreichs Bayern. I. Bd. 1838.

Vorwort.

Die vorliegende Arbeit verdankt ihre Entstehung dem Umstande, daß der Verfasser als Pflegschafts- und Verlassenschaftsrichter beim kgl. Amtsgerichte Bamberg II hauptsächlich Bamberger Recht anzuwenden hatte und ihm der Mangel einer compendiösen Darstellung des Bamberger Rechts, wie sie fast alle größeren bayerischen Partikularrechte erfahren haben, täglich fühlbar wurde. Der Verfasser hat sich deshalb vor drei Jahren an die Arbeit gemacht, diesem Mangel abzuhelfen und übergibt nunmehr die Frucht dieser dreijährigen Mühe der Öffentlichkeit. Der Verfasser ist sich der Mängel seiner Arbeit wohl bewußt, er glaubt aber bei den großen Schwierigkeiten, die die Bearbeitung des spröden Stoffes bot, auf die Nachsicht des geneigten Lesers rechnen zu dürfen. Denn das Bamberger Landrecht entbehrt der systematischen Ordnung und Erschöpfung; dasselbe ist nicht das Werk wissenschaftlicher Spekulation, sondern der Erfahrung; es gibt deshalb das Recht nicht in schulgerechten Begriffen, sondern in Thatsachen, in einzelnen Fällen; es läßt aber eben deswegen eine spitzfindige Sprachforschung, eine noch so scharfsinnige Schlußfolge vielfach nicht zu. Nichts ist gefährlicher, als aus der einen oder anderen Stelle des Landrechts einen allgemeinen Rechtssatz abzuleiten, wenn man nicht das Ganze überschaut.

Es mag als ein gewagtes Unternehmen erscheinen, am Lebensabend der Partikularrechte noch für eine Darstellung des Bamberger Rechts Interesse zu beanspruchen. Als der Verfasser die Arbeit begann, konnte man allerdings nicht voraussehen, daß Deutschland schon so bald zu einem einheitlichen bürgerlichen Recht gelangen werde. Wenn nun der Verfasser die Arbeit gleichwohl der Öffentlichkeit übergibt, so veranlaßt ihn hiezu die Erwägung, daß das Bamberger Recht doch noch längere Zeit in Geltung bleibt und daß auch nach dem Inkrafttreten des Bürgerlichen Gesetzbuchs noch mannigfache Rechtsverhältnisse nach bisherigem Recht zu beurtheilen sind, wie aus dem 2. Anhang (unten §§ 81, 82) ersichtlich ist.

Möge das Büchlein zur Kenntniß des Bamberger Rechts beitragen und der Praxis, aus der es hervorgewachsen, dienlich sein.

Einleitung.

I. Rechtsquellen des Bamberger Rechts.

Bamberg ist in der deutschen Rechtsgeschichte von großer Bedeutung. Den Mittelpunkt der Rechtsentwicklung im Bisthum Bamberg bildete das kaiserliche Landgericht zu Bamberg.[1]) Der Sprengel dieses Gerichts fiel mit dem Sprengel des Bisthums zusammen, was zur Folge hatte, daß das kaiserliche Landgericht zu Bamberg bald eine rein territoriale Stellung einnahm.[2]) Für die Entwicklung des Rechts im Bambergischen Gebiete war diese territoriale Stellung des kaiserlichen Landgerichts höchst vortheilhaft, da hiedurch das einheimische Recht erhalten und gepflegt wurde.

An Rechtsaufzeichnungen finden wir schon im 11. Jahrhundert das Bamberger Dienstrecht, die sog. Iustitia ministerialium Babenbergensium[3]); aus der Mitte des 14. Jahrhunderts stammt das Bamberger Stadtrecht;[4]) im 16. Jahrhundert erscheinen Gesetzgebungswerke auf dem Gebiet des Kriminalrechts[5]) und des Processes,[6]) so besonders im Jahre 1507 die Bambergische Halsgerichtsordnung von Freiherrn Johann von Schwarzenberg. Gegen Ende des 17. Jahrhunderts taucht in

---

[1]) Roth, Bd. I S. 58, 59.

[2]) Roth, Bd. I S. 60.

[3]) v. Völderndorff, Civilgesetzstatistik des Königreichs Bayern, 2. Aufl. S. 46; Roth Bd. I S. 63; Stobbe, Geschichte der deutschen Rechtsquellen 1860, Bd. I S. 581.

[4]) Stobbe, R. Q. Bd. I S. 521; Roth Bd. I S. 63.

[5]) Stobbe, R. Q. Bd. II S. 241.

[6]) Stobbe, R. Q. Bd. II S. 261.

Bamberg die räthselhafte Persönlichkeit des Iustus Veracius auf, der durch seine 1681 erschienene Schrift „Libellus consuetudinum Principatus Bambergensis“ und die darin vorgetragene Lehre vom Gesammteigenthum besonders das eheliche Güterrecht beeinflußte.[1])

Das gegenwärtig geltende Bamberger Recht fußt auf folgenden Quellen:

1. Das Bamberger Landrecht.

Infolge der Reception des römischen Rechts lag das einheimische Recht im Kampfe mit dem recipirten fremden Rechte; eine große Anzahl Verordnungen über einzelne Materien waren ergangen; die Rechtsverwirrung war infolge dessen erheblich gestiegen.

Fürstbischof Adam Friedrich Graf von Seinsheim (1757—1779) faßte deshalb den Plan zu einer umfassenden Gesetzgebung; dieselbe sollte aus vier Theilen bestehen: Landrecht, Lehenrecht, Polizeiordnung, Gerichtsordnung. Allein es erschien nur der erste Theil, das Landrecht, welches am 9. November 1769 unter folgendem Titel publizirt wurde:

„Des kaiserlichen Hochstifts und Fürstenthums Bamberg verfaßtes Landrecht desselben erster Haupttheil von Civil- oder so genannten bürgerlichen Sachen handelnd.“

Bei der Abfassung dieses Gesetzes war der fürstbischöfliche Hofrath und Lehenprobst J. M. Hanauer hervorragend betheiligt.

Das Gesetzbuch wurde bei J. G. A. Gertner in Bamberg in 4⁰ gedruckt; eine anderweitige Ausgabe ist nicht erschienen.

Das Bamberger Landrecht enthält Bestimmungen über Familienrecht, Erbrecht, Pfandrecht, Konkursrecht, Konkursproceß und Taxwesen.

---

[1]) Roth, Bd. I S. 63.

Da die einzelnen im Gesetzbuch behandelten Materien fast jeder systematischen Anordnung ermangeln, so citirt man am besten nach der Seitenzahl des Gesetzbuchs, was auch dadurch erleichtert wird, daß nur eine einzige Ausgabe, die erwähnte, erschienen ist.[1])

2. Der Hanauer'sche Commentar zum Bamberger Landrecht.

Auf Befehl des Fürstbischofs Adam Friedrich Graf von Seinsheim verfaßte der fürstbischöfliche Hofrath und Lehenprobst Johann Melchior Hanauer einen in lateinischer Sprache geschriebenen fortlaufenden Commentar zum Landrecht; derselbe erschien 1769 in der Universitätsbuchdruckerei des J. G. Klietsch zu Bamberg in 4⁰ unter dem Titel „Commentatio sistematica in juris Provincialis Bambergensis partem primam principalem, quae de civilibus agit, ... proposita a Joanne Melchiore Hanauer."

Es war dieß ebenfalls die einzige Ausgabe, in welcher der Commentar erschienen ist.

Die von Manchen aufgestellte Behauptung, der Hanauer'sche Commentar habe Gesetzeskraft, ist unrichtig; denn nach dem Titel und der Vorrede ist der Commentar zweifellos nur als eine Privatarbeit herausgegeben, zu welcher der Fürstbischof den Verfasser allerdings veranlaßt hatte. Auch die Behauptung, daß die Gesetzeskraft des Commentars durch die Praxis anerkannt sei, ist nicht erwiesen.[2])

3. Der sog. Pflaum'sche Entwurf.

Unter dem Fürstbischofe Franz Ludwig wurde von dem fürstbischöflichen Hof- und Regierungsrath Mathias Pflaum der „Entwurf zur neuen Bambergischen

---

[1]) Weber §§ 1 ff.

[2]) Roth Bd. I S. 64, 65; Völderndorff S. 47. Weber §§ 16, 17.

peinlichen Gesetzgebung" verfaßt. Dieser Entwurf wurde von dem Fürstbischof Christoph Franz am 30. Dezember 1795 als Gesetz promulgirt.

Der Pflaum'sche Entwurf enthält in Theil I Abschnitt 32 §§ 213—221 Bestimmungen über die Rechtsverhältnisse bei außerehelichen Schwängerungen, welche noch in Geltung sind[1]) und vermöge eines churbayerischen Reskriptes vom 19. Dezember 1803 observanzmäßig auch im Rothenburger Gebiete zur Anwendung kommen.[2])

4. Die Eheverordnungen vom 29. Januar 1587, 13. Dezbr. 1754, 26. Juni 1796.

Diese Verordnungen sind noch in Geltung, soweit sie Bestimmungen über die Form des Verlöbnisses enthalten.

5. Die Verordnungen vom 16. Juni 1795, 27. Juni 1795, 26. Juni 1796.

Diese Verordnungen enthalten noch geltende Bestimmungen über die Rechtsverhältnisse bei außerehelichen Schwängerungen.

6. Die Verordnung vom 3. November 1770 die Contrakte in Wirthshäusern betreffend.

II. Geltungsgebiet des Bamberger Rechts.

Bamberg und das umliegende Gebiet stand in ältester Zeit unter der Herrschaft der Grafen von Babenberg. Als dieses Geschlecht im Jahre 908 ausstarb, wurden die Lande unmittelbar königlich, bis Kaiser Heinrich II. im Jahre 1006 die heimgefallene Lehensgrafschaft in ein Bisthum verwandelte. Der Bischof war Reichsfürst.[3])

---

[1]) Roth, Bd. I S. 65; Völderndorff S. 47.
[2]) Roth, Bd. I S. 83; Völderndorff S. 48.
[3]) Völderndorff S. 173.

Durch den Luneviller Frieden vom 9. Februar 1801 und den Reichsdeputationshauptschluß vom 25. Februar 1803 fiel das Hochstift Bamberg an Bayern, welches am 22. November 1802 davon Besitz ergriff. Im Besitzergreifungspatente und durch besondere Verordnung vom 26. Septbr. 1803 wurde ausgesprochen, daß die bisher geltenden Gesetze und Gewohnheiten fortbestehen sollen.[1])

Darnach gilt in allen Orten und Ortstheilen, welche als Gebiet des ehemaligen Hochstifts Bamberg nachzuweisen sind, insoferne nicht später eine Änderung eintrat, die Bambergische Gesetzgebung. Am 26. Mai 1810 schlossen Bayern und Würzburg einen Grenzvertrag ab, wornach mehrere Orte ausgetauscht wurden. Bayern ließ bei der Besitzergreifung vom 11. Septbr. 1810 hinsichtlich des Civilrechts Alles unverändert, während Würzburg die abgetretenen Orte dem Würzburger Recht unterwarf, weshalb diese Orte, obwohl sie früher Bambergisches Recht hatten, doch jetzt Würzburger Recht haben.[2])

Am 1. November 1805 ergriff Bayern auch Besitz von denjenigen im Hochstift Bamberg gelegenen reichsritterschaftlichen Enklaven, deren Besitzer nicht persönlich Sitz und Stimme auf dem Reichstag hatten und unterwarf diese Besitzungen mit Deklaration vom 31. Dezember 1806 dem Bamberger Recht.[3])

Die Orte und Ortstheile, in denen auf Grund des Vorgesagten Bambergisches Recht zur Anwendung kommt, sind aufgezählt bei Völderndorff, Civilgesetzstatistik 2. Aufl. S. 155—164, 210, 212, 226, 227, 228, 229, 231, 236.

---

[1]) Völderndorff S. 174.
[2]) Völderndorff S. 174.
[3]) Völderndorff S. 174, 175.

Das Bamberger Recht gilt als primäres Recht zum subsidiären gemeinen Recht; in einigen Bezirken gilt es als primäres Recht zum subsidiären preußischen Landrecht. Durch den Grenzpurifikationsvertrag vom 30. Juni 1803 wurden nämlich mehrere Bezirke des Bamberger Rechtsgebietes von Bayern an Preußen abgetreten und von diesem dem subsidiären preußischen Landrecht unterworfen, bei welchem Rechtszustande es dann auch verblieb, als diese Bezirke durch Abtretung des Fürstenthums Ansbach wieder mit Bayern vereinigt wurden.[1])

III. Litteratur.[2])

Weber, Darstellung der sämmtlichen Provinzial- und Statutarrechte des Königreichs Bayern, Augsburg 1838, I. Bd. Oberfranken.

Spies, Handbuch des Bamberger Provinzialrechts, Bamberg 1838.

Potschka, Ding- und wörtliches Register über den 1769 in Druck erschienenen ersten Haupttheil des Bambergischen Landrechts. Bamberg 1779.

Roth, Bayerisches Civilrecht Bd. I und III.

Dr. Schüttinger, die Einkindschaft nach Bamberger Statutarrecht, Bamberg 1857.

Cramer, Wetzlarische Nebenstunden Bd. 38 S. 110.

Ditterich, de communione bonorum dominii translativa ex jure Bambergensi. Bamberg 1758.

Pfriem-I. Molitor, G. Consuetudines patriae Bambergensis de conjugali bonorum communione. Bamberg 1761.

Ludolf, Symphorema Consultationum XXI; Observationes forenses II 171.

---

[1]) Roth, Bd. I S. 65, Völderndorff S. 48.
[2]) Roth, Bd. I S. 65, 66.

Wehner, Consilia franconica Consil. 105.
Consilia Tubingensia VIII No. 91, 106, 107.
Lorber a Störchen, an filia ex feudo masculino petere legitimam possit. Bamberg 1753.
Iustus Veracius, libellus consuetudinum Principatus Bambergensis. Bamberg 1681.
Einzelne Abhandlungen, Aufsätze und Entscheidungen der Gerichte in den Bl. f. RA., in der Sammlung von E. des Obersten Gerichtshofes und des Obersten Landesgerichts für Bayern u. s. w.

Erstes Buch.

Familienrecht.

Erster Abschnitt.

Eherecht.

Erster Titel.

Verlöbniß.

§ 1.

Der Eheschließung kann ein darauf gerichteter Vertrag, das Verlöbniß, vorausgehen.

Für die Form des Verlöbnisses gelten die Bambergischen Eheverordnungen vom 29./I 1587, 13./XII 1754, 26./VI 1796.[1]) Darnach muß das Verlöbniß, um giltig und klagbar zu sein, vor zwei Solennitätszeugen oder notariell oder schriftlich durch eine von den Brautleuten eigenhändig geschriebene Urkunde abgeschlossen werden.[2])

[1]) Weber S. 65—68; S. 800—804. Unrichtig ist die Angabe bei Roth, bayer. Civilrecht Bd. I 1. Aufl. S. 279, daß die bayerische Sponsalienverordnung vom 2./V. 1806 als durch Uebung eingeführt anzunehmen sei. Ebenso Spies § 6 S. 33.

[2]) Slg. Bd. IV S. 285 ff., Bd. VII S. 369; Bl. f. RA. Bd. 39 S. 110.

Zur Giltigkeit des Verlöbnisses ist außerdem noch erforderlich die Zustimmung der Eltern oder Vormünder der Brautleute, falls dieselben unter elterlicher Gewalt bezw. unter Vormundschaft stehen. Der Beweis der Zustimmung kann nur durch zwei Zeugen oder durch Urkunden geführt werden.[1])

Zweiter Titel.

Eingehung der Ehe.

A.

Voraussetzungen der Eheschließung.

§ 2.

Die nach § 29 des Personenstandsgesetzes vom 6./II 1875 erforderliche Einwilligung des Vormunds zur Eheschließung des Mündels bedarf der obervormundschaftlichen Genehmigung.[2])

Der Mangel der elterlichen Einwilligung zur Eheschließung ihrer Kinder ist zwar ohne Einfluß auf die Giltigkeit der Ehe, äußert aber seine Wirkungen in vermögensrechtlicher Beziehung:

1. Die unter elterlicher Gewalt stehenden Kinder, welche sich verehelichen, obwohl die Eltern ihre Einwilligung aus guten Gründen versagen, ver-

---

[1]) Weber §§ 104, 105.

[2]) Landr. S. 124 §§ 28, 30; Bl. f. RA. Bd. 51 S. 182.

lieren den Anspruch auf Aussteuer (Heirathgut) und Ausfertigung (Ausstattung).[1])

2. Verehelicht sich ein minderjähriger Haussohn ohne Zustimmung der Eltern, so können dieselben, wenn der Haussohn durch die Verehelichung aus der elterlichen Gewalt tritt, den Antrag auf Einleitung einer Vormundschaft über das Vermögen des Haussohnes stellen; zur Führung dieser Vermögensvormundschaft sind, falls das Vormundschaftsgericht die Einleitung einer solchen als angezeigt erachtet, zunächst die Eltern berufen.[2])

Die Wiederverehelichung eines verwittweten Ehegatten kann erst erfolgen, nachdem zwischen ihm und seinen Kindern aus der früheren Ehe Vermögensauseinandersetzung stattgefunden hat, falls eine solche auf Grund des in der früheren Ehe bestandenen Güterstandes und auf Grund des in der neuen Ehe einzugehenden Güterstandes erforderlich ist.[3]) Sind aus der früheren Ehe minderjährige Kinder vorhanden, so hat die erforderliche Vermögensauseinandersetzung gerichtlich unter Einleitung einer Spezialkuratel über die minder-

---

[1]) Landr. S. 10 § 6, S. 11 § 10, S. 21 § 5, S. 270 § 10, S. 272 § 13; Comm. S. 7, 8, 12, 302, 303; Weber §§ 52, 109, 129, 130, 131, 819, 824, 825; Spies § 38 S. 100; Roth Bd. I S. 577.

[2]) Landr. S. 24 §§ 14, 15; Comm. S. 12; Weber §§ 118; Spies § 18 S. 93, § 30 S. 97.

[3]) Landr. S. 223 §§ 7, 10; Comm. S. 232, 236; Weber §§ 603, 607—610; Spies § 3 S. 106, § 2 S. 105; Roth Bd. I S. 387 A. 49; Neubauer S. 67 A. 10, 11.

jährigen Kinder stattzufinden. Nimmt Jemand wahr, daß die Rechte minderjähriger Kinder eines wieder heirathenden verwittweten Ehegatten bezüglich der Vermögensauseinandersetzung nicht oder nicht gehörig gewahrt werden, so kann er hievon das Vormundschaftsgericht in Kenntniß setzen; die nächsten Verwandten der Kinder sind hiezu verpflichtet. Der wieder heirathende Ehegatte, die nächsten Verwandten, das Vormundschaftsgericht haften für den Schaden, welcher minderjährigen Kindern dadurch erwächst, daß durch ihre Schuld die Vermögensauseinandersetzung unterbleibt oder bei derselben die Rechte der minderjährigen Kinder nicht oder nicht gehörig gewahrt werden.[1])

Erfolgt die Wiederverehelichung eines verwittweten Ehegatten, ohne daß die erforderliche Vermögensauseinandersetzung zwischen ihm und seinen Kindern aus der früheren Ehe stattgefunden hat, so hat dieß auf die Giltigkeit der Ehe keinen Einfluß.[2])

Die Verehelichung der Mutter oder mütterlichen Großmutter eines unehelichen Kindes kann erst erfolgen, nachdem zwischen ihr und dem unehelichen Kinde Vermögensauseinandersetzung stattgefunden hat, soweit eine solche erforderlich ist.[3])

---

[1]) Landr. S. 225, 226 §§ 13, 14; Comm. S. 237; Weber §§ 610—614; Spies § 2 S. 106.

[2]) Landr. S. 224 §§ 10, 11, 13; Comm. S. 236, 237; Weber §§ 607—613; Spies § 2 S. 105, 106.

[3]) Landr. S. 340 § 2; S. 341 § 6; Comm. S. 419, 421; Weber §§ 1082, 1083, 1084, 1088; Spies § 13 S. 179, § 12 S. 178; s. auch unten § 48.

Ausnahmsweise kann die Verehelichung der Mutter eines unehelichen Kindes mit dem Vater desselben erst erfolgen, nachdem zwischen dem unehelichen Kinde und dessen Vater Vermögensauseinandersetzung stattgefunden hat.[1])

B.

Wirkungen der Eheschließung.

§ 3.

Durch Verehelichung wird die Minderjährigkeit nicht beendigt. Von der elterlichen Gewalt wird ein Hauskind durch Verehelichung nur dann frei, wenn es mit der Verehelichung durch Gründung eines eigenen Haushalts aus dem elterlichen Unterhalte tritt oder von den Eltern aus der elterlichen Gewalt entlassen wird (emancipirt wird).[2])

Durch Verehelichung wird die Vormundschaft nicht beendigt.[3])

Die Ehefrau wird durch die Verehelichung nicht vertragsunfähig, doch haftet sie wegen ihrer in An-

---

[1]) Landr. S. 343 § 11; Comm. S. 423, 424; Weber §§ 1095, 1097; Spies § 10 S. 178; s. auch unten § 49.

[2]) Landr. S. 20—22 §§ 1, 6—10; Comm. S. 11, 12, 13, 14; Weber §§ 116, 118; Spies §§ 13, 14 S. 91; Slg. Bd. VII. S. 268; E. d. RG. i. Str. S. Bd. XXVIII S. 168; Roth Bd. I S. 396; s. auch unten § 46.

[3]) Landr. S. 125 §§ 31, 32; S. 126 § 33; Comm. S. 100; Weber §§ 1114, 1115, 1116; Spies § 19 S. 27, 28; § 21 S. 39; Rosenkranz S. 97 A. 1; E. d. RG. i. Str. S. Bd. 28 S. 168.

sehung des Objekts beschränkten Vertragsfähigkeit für die Erfüllung der übernommenen Verbindlichkeit mit ihrem Vermögen nicht weiter, als sie über dasselbe verfügen darf.[1])

Das gemeinrechtliche Verbot der Schenkungen unter Ehegatten ist beseitigt.[2])

Dritter Titel.

Eheliches Güterrecht.

A.

Allgemeine Vorschriften.

§ 4.

Es sind nur 4 eheliche Güterstände zulässig:

1. Der Güterstand des gemeinen Rechts (Dotalrecht);
2. Der Güterstand der wechselseitigen Erbfolge;
3. Der Güterstand der allgemeinen Gütergemeinschaft;
4. Der Güterstand der partikulären Gütergemeinschaft (Errungenschaftsgemeinschaft).[3])

Die Bestimmungen bezüglich der im Güterstand des gemeinen Rechts lebenden Eheleute finden auch

---

[1]) Ztschr. f. Gesetzg. u. R. Bd. 13 S. 178; Seuff. Archiv Bd. VII S. 279; Roth Bd. I S. 397, 398.

[2]) s. unten § 39.

[3]) Landr. S. 7 §§ 4, 5; Weber § 43; Spies § 10 S. 35.

Anwendung auf die in einem anderen Güterstand lebenden Eheleute, soweit nicht etwas Anderes bestimmt ist oder aus der Natur der Sache sich etwas Anderes ergibt.[1])

In jedem Güterstand hat der Ehemann die Handlungen der Ehefrau zu vertreten, wenn sie innerhalb ihrer eheräulichen Befugnisse handelt. Innerhalb dieser Befugnisse handelt sie immer:

1. wenn sie im Auftrag oder mit Genehmigung des Ehemanns handelt;
2. wenn sie zum erweislichen Nutzen des Hauswesens handelt;
3. wenn sie mit Zustimmung des Ehemanns dessen Gewerbe betreibt;
4. wenn sie innerhalb ihres häuslichen und wirthschaftlichen Wirkungskreises in angemessener Weise handelt.[2])

Die Ehefrau ist in keinem der 4 ehelichen Güterstände vertragsunfähig; doch haftet sie wegen ihrer in Ansehung des Objekts beschränkten Vertragsfähigkeit für die Erfüllung der übernommenen Verbindlichkeit mit ihrem Vermögen nicht weiter, als sie über dasselbe verfügen darf.[3])

Das eheliche Güterrecht gestaltet sich vielfach verschieden, je nachdem Jemand zur ersten, zur zweiten, zur dritten oder noch weiteren Ehe schreitet.

---

[1]) Landr. S. 7 § 3; Weber § 32; Spies § 15 S. 37.

[2]) Landr. S. 14 § 18; Comm. S. 9; Weber §§ 67, 861; Spies § 16 S 37, § 18 S. 38; Slg. Bd. VI S. 734; Seuff. Archiv Bd. II S. 309, Bd. XIV. S. 634; Roth Bd. I S. 466.

[3]) s. oben § 3.

Zur „ersten Ehe" schreitet Jemand, der unabgetheilte d. h. pflichttheilsberechtigte eheliche Descendenten nicht besitzt;[1]) zur „zweiten Ehe" schreitet Jemand, der aus einer der früheren Ehen unabgetheilte Descenten hat;[2]) zur „dritten", „vierten" u. s. w. Ehe schreitet Jemand, der aus zwei bezw. drei u. s. w. der früheren Ehen unabgetheilte Descendenten hat.[3]) Es erhellt hieraus, daß Jemand, der nach gewöhnlichem Sprachgebrauch zur zweiten, zur dritten oder noch weiteren Ehe schreitet d. h. sich zum zweiten Male, zum dritten Male oder noch öfter verehelicht, im Rechtssinne zur „ersten Ehe" schreitet, wenn er aus den früheren Ehen keine unabgetheilten (d. h. pflichttheilsberechtigten) Descendenten hat.[4])

Die Bestimmungen bezüglich der „ersten Ehe" finden auch Anwendung auf die weiteren Ehen, wenn nicht etwas Anderes bestimmt ist, oder aus der Natur der Sache sich etwas anderes ergibt.[5])

Eheleute, die nicht bereits in allgemeiner Gütergemeinschaft nach Bamberger Landrecht leben und welche in das Gebiet des Bamberger Landrechts ziehen,

---

[1]) Landr. S. 6 § 2; Weber §§ 45, 46; Spies § 1 S. 31.

[2]) Landr. S. 221 § 1; Weber §§ 46, 599; Spies § 1 S. 31.

[3]) Landr. S. 320 § 1; Weber § 1018; Spies § 1 S. 31, § 2 S. 32.

[4]) Dieser eigenartige Begriff von „erster", „zweiter", „dritter" Ehe ist besonders zu beachten, um das eheliche Güterrecht zu verstehen.

[5]) Landr. S. 6 § 2; Spies § 2 S. 32

oder dahin zurückkehren, werden bezüglich der Haftung für ihre bisherigen und künftigen Schulden als in allgemeiner Gütergemeinschaft nach Bamberger Landrecht lebend betrachtet, wenn sie nicht sogleich nach der Niederlassung in dem erwähnten Rechtsgebiete bezüglich ihres ehelichen Güterstandes eine notarielle Erklärung abgeben, welche öffentlich bekannt zu machen ist. Im Uebrigen bleibt es bei dem bisherigen ehelichen Güterstand.[1])

Der Zeitraum von „Jahr und Tag“, welcher namentlich beim Güterstand der allgemeinen Gütergemeinschaft vielfach vorkommt, umfaßt 1 Jahr und 1 Tag.[2])

Der Ausdruck „Tichter“ bedeutet Enkel.[3])

B.

Vertragsmäßiges Güterrecht.

§ 5.

Die Befugniß vertragsmäßiger Festsetzung des ehelichen Güterrechts ist auf vier Güterstände beschränkt; es sind nämlich nur zulässig

---

[1]) Landr. S. 150, 151, 152 § § 3, 4, 5, 6, 7; Comm. S. 126—130; Weber § § 34, 40, 41, 42; Spies § 66 S. 61, 62; § 82 S. 69; § 5 S. 33; Bl. f. RA. Bd. 20 S. 225; Bd. 27. S. 97 ff; S. 113 ff; Roth Bd. I S. 403 A 13.

[2]) Landr. S. 153 § 11; Weber § 279; Roth Bd. I S. 405 A. 9, S. 457 A. 34.

[3]) Roth Bd. I S. 188.

1. der Güterstand des gemeinen Rechts (Dotalrecht);
2. der Güterstand der wechselseitigen Erfolge,
3. der Güterstand der allgemeinen Gütergemeinschaft,
4. Der Güterstand der partikulären Gütergemeinschaft (Errungenschaftsgemeinschaft).

Durch Ehevertrag kann demnach das gesetzliche Güterrecht nur bestätigt oder, soweit zulässig, modifiziert werden.[1])

Eheverträge müssen, wenn sie nicht gerichtlich errichtet werden, schriftlich unter Zuziehung von zwei Zeugen errichtet, von den Parteien und von den beiden Zeugen unterzeichnet werden.[2]) Seit dem 1/VI 1890 bedürfen alle Eheverträge zu ihrer Giltigkeit notarieller Beurkundung.[3])

Eheverträge minderjähriger Hauskinder werden erst durch Zustimmung der Eltern oder durch Genehmigung des volljährig gewordenen Hauskindes perfekt. Erfolgt die Versagung der Genehmigung seitens des volljährig gewordenen Hauskindes nicht innerhalb eines halben Jahres nach erreichter Volljährigkeit, so gilt

---

[1]) Landr. S. 7 §§ 4, 5; Weber § 43; Spies § 10 S. 35; Roth Bd. I S. 408, 410, 422.

[2]) Landr. S. 8 § 2; S. 29 § 1; S. 37 § 4; S. 146 § 3; Spies § 6 S. 33, § 105, S. 83; Roth Bd. I S. 406 A. 12, S. 407 A. 13; Bd. III S. 470.

[3]) Gesetz v. 5 V 1890, die Formen einiger Rechtsgeschäfte betr., Ges. u. V. Bl. S. 227.

der Vertrag als genehmigt.[1]) Was von den Eheverträgen minderjähriger Hauskinder gilt, gilt auch von der allgemeinen Gütergemeinschaft, welche stillschweigend eintritt, da derselben ein stillschweigender Vertrag zu Grunde liegt. Es kann daher auch die stillschweigend eintretende allgemeine Gütergemeinschaft von einem minderjährigen Hauskinde nur mit Zustimmung der Eltern oder mit Genehmigung des volljährig gewordenen Hauskindes eingeführt werden. Erfolgt die Versagung der Genehmigung seitens des volljährig gewordenen Hauskindes nicht innerhalb eines halben Jahres nach erreichter Volljährigkeit, so gilt der stillschweigende Vertrag als genehmigt.[2])

Der Ehevertrag eines Mündels wird erst durch Zustimmung des Vormundschaftsgerichtes oder durch Genehmigung des volljährig gewordenen Mündels perfekt; erfolgt die Versagung der Genehmigung nicht innerhalb eines halben Jahres nach erreichter Volljährigkeit, so gilt der Vertrag als genehmigt. Was vom Ehevertrag gilt, gilt auch von der allgemeinen Gütergemeinschaft, welche stillschweigend eintritt, da derselben ein stillschweigender Vertrag zu Grunde liegt.[3])

---

[1]) Landr. S. 20, 21 §§ 2, 3; S. 163 § 1; Comm. S. 11; Weber §§ 28, 29, 319; Spies § 7 S. 33, 34; § 97 S. 77; § 68 S. 62; Roth Bd. I S. 586; Bl. f. RA. Bd. 30 S. 343.

[2]) Landr. S. 21 § 4; Comm. S. 11; Weber §§ 319, 320; Spies § 66 S. 61, § 97 S. 77.

[3]) Landr. S. 124 § 30, S. 168 § 7; S. 164 § 2; Comm. S. 99; Weber §§ 30, 31, 1113; Spies § 7 S. 33; § 97 S. 77; § 68 S. 62.

Ein wegen Verschwendung Entmündigter kann nur mit Zustimmung des Vormundschaftsgerichtes einen Ehevertrag abschließen.[1])

C.

Gesetzliches Güterrecht.

I.

Der Güterstand des gemeinen Rechts.

1.

Begriff.

§ 6.

Der Güterstand des gemeinen Rechts beruht auf den Grundsätzen des römischen Dotalrechts und stimmt mit demselben bis auf einige Abweichungen überein.[2])

2.

Geltung.

§ 7.

1. In erster Ehe:

Der Güterstand des gemeinen Rechts wird in erster Ehe durch einen binnen Jahr und Tag nach der Trauung abgeschlossenen Ehevertrag, in welchem

---

[1]) Landr. S. 165 § 4; Comm. S. 144, 145; Weber §§ 322, 323, 324, 1127.

[2]) Roth Bd. I S. 430, 431, 423 A. 56.

keiner der drei übrigen Güterstände angenommen wird, eingegangen.[1])

Bei vertragsloser erster Ehe gilt bis zum stillschweigenden Eintritt der allgemeinen Gütergemeinschaft der Güterstand des gemeinen Rechts.[2])

Wird die allgemeine Gütergemeinschaft unter der aufschiebenden Bedingung eingegangen, daß die Ehe Jahr und Tag gedauert hat, so gilt für die Zwischenzeit der Güterstand des gemeinen Rechts.[3])

2. In zweiter Ehe:

a) Hat der wieder heirathende Ehegatte in erster Ehe im Güterstand des gemeinen Rechts gelebt, so kann in der zweiten Ehe derselbe Güterstand eingeführt werden, ohne daß zwischen dem wieder heirathenden Eheteil und seinen ersteheIichen Kindern Vermögensauseinandersetzung durch Grundtheilung oder Einkindschaft stattfindet.[4])

b) Hat der wieder heirathende Ehetheil in erster Ehe im Güterstand der wechselseitigen Erbfolge gelebt, so kann in der zweiten Ehe der

---

[1]) Landr. S. 8 § 1; Weber § 47; Spies § 11 S. 35; Roth Bd. I S. 423.

[2]) Landr. S. 9 § 3; Weber § 47; Spies § 11 S. 36; Roth Bd. I S. 423.

[3]) Landr. S. 9 § 4; Weber § 47; Spies § 11 S. 35; Roth Bd. I S. 423.

[4]) Landr. S. 226 § 1, S. 326 § 1; Comm. S. 238, 396; Weber §§ 615, 616, 1035; Spies § 10 S. 109. Wegen des Verlustes der lucra nuptialia s. § 38.

Güterstand des gemeinen Rechts eingeführt werden, ohne daß zwischen dem wieder heirathenden Ehetheil und seinen ersteheIichen Kindern Vermögensauseinandersetzung durch Grundtheilung oder Einkindschaft stattfindet.[1])

c) Hat der wieder heirathende Ehetheil in erster Ehe in allgemeiner Gütergemeinschaft gelebt, so kann in der zweiten Ehe der Güterstand des gemeinen Rechts eingeführt werden, nachdem zwischen dem wieder heirathenden Ehetheil und seinen ersteheIichen Kindern Vermögensauseinandersetzung durch Grundtheilung oder Einkindschaft (sog. unvollkommene Einkindschaft) stattgefunden hat.[2]) Erfolgt diese Vermögensauseinandersetzung nicht spätestens vor Ablauf von 3 Monaten nach der Eheschließung, so tritt die Einkindschaft stillschweigend und ohne Voraus ein. Minderjährige können bis zum Ablauf eines halben Jahres nach erreichter Volljährigkeit gegen diese stillschweigende Einkindschaft Wiedereinsetzung in den vorigen Stand verlangen.[3])

---

[1]) Landr. S. 230 § 10; S. 328 § 5; Comm. S. 243, 244; Weber §§ 623, 624, 1041; Spies § 58 S. 55, § 60 S. 56, § 14 S. 112. Wegen des Verlustes der lucra nuptialia s. § 38.

[2]) Landr. S. 232, 233, 234 §§ 1, 2, 3, 6; Comm. S. 245—248, 249; Weber §§ 629—635, 700, 701, 702, 924; Spies § 26 S. 117; Bl. f. RA. Bd. V S. 105.

[3]) Landr. S. 233 § 4; Comm. S. 248; Weber §§ 632, 635; Spies § 27 S. 118, § 63 S. 139.

d) Hat der wieder heirathende Eheteil in erster Ehe im Güterstand der Errungenschaftsgemeinschaft gelebt, so kann in der zweiten Ehe der Güterstand des gemeinen Rechts eingeführt werden, ohne daß zwischen dem wieder heirathenden Ehetheil und seinen ersteheliche Kindern Vermögensauseinandersetzung durch Grundtheilung oder Einkindschaft stattfindet.[1])

3. In dritter und noch weiterer Ehe:

a) Bestand in der letzten der früheren Ehen der Güterstand der Errungenschaftsgemeinschaft, in den übrigen früheren Ehen aber der Güterstand des gemeinen Rechts oder bestand in allen früheren Ehen der Güterstand des gemeinen Rechts, so kann in der weiteren Ehe der Güterstand des gemeinen Rechts eingeführt werden, ohne daß zwischen dem wieder heirathenden Ehetheil und seinen Kindern aus den vorigen Ehen Vermögensauseinandersetzung durch Grundtheilung oder Einkindschaft stattfindet.[2])

b) Bestand in der letzten der früheren Ehen der

---

[1]) Landr. S. 231 §§ 11, 12; S. 329 § 6; Comm. S. 245, 401; Weber §§ 625, 626, 1041; Spies § 49 S. 52, § 15 S. 112. Wegen des Verlustes der lucra nuptialia s. § 38; wegen Erlöschens der fortgesetzten Errungenschaftsgemeinschaft s. § 37.

[2]) Landr. S. 322 § 3; Weber § 1020. Wegen des Verlustes der lucra nuptialia s. § 38; wegen Erlöschens der fortgesetzten Errungenschaftsgemeinschaft s. § 37.

Güterstand der wechselseitigen Erbfolge, so kann in der weiteren Ehe der Güterstand des gemeinen Rechts eingeführt werden, ohne daß zwischen dem wieder heirathenden Ehetheil und seinen Kindern aus den früheren Ehen Vermögensauseinandersetzung durch Grundtheilung oder Einkindschaft stattfindet.[1])

c) Bestand in der letzten der früheren Ehen der Güterstand des gemeinen Rechts mit unvollkommen eingekindschafteten Kindern aus den früheren Ehen, so kann in der weiteren Ehe der Güterstand des gemeinen Rechts eingeführt werden, nachdem zwischen dem wieder heirathenden Ehetheil und den eingekindschafteten Kindern Vermögensauseinandersetzung durch Grundtheilung oder Einkindschaft stattgefunden hat; erfolgt diese Vermögensauseinandersetzung nicht vor Ablauf von 3 Monaten nach der Eheschließung, so tritt die Einkindschaft stillschweigend und ohne Voraus ein. Minderjährigen steht gegen diese stillschweigende Einkindschaft bis zum Ablauf eines halben Jahres nach erreichter Volljährigkeit die Wiedereinsetzung in den vorigen Stand zu. Die aus der letzten der früheren Ehen vorhandenen Kinder können nicht verlangen, daß zwischen

---

[1]) Landr. S. 322 § 6; Weber § 1022. Wegen des Verlustes der lucra nuptialia s. § 38.

ihnen und dem wieder heirathenden Ehetheil Vermögensauseinandersetzung stattfinde.[1])

d) Bestand in den früheren Ehen der Güterstand der allgemeinen Gütergemeinschaft mit vollkommen eingekindschafteten Kindern in der letzten derselben, so kann in der weiteren Ehe der Güterstand des gemeinen Rechts eingeführt werden; zwischen dem wieder heirathenden Ehegatten und den eingekindschafteten Kindern hat aber Vermögensauseinandersetzung durch Grundtheilung oder Einkindschaft stattzufinden und zwar auf Verlangen des wieder heirathenden Ehegatten oder der eingekindschafteten Kinder durch Grundtheilung. Minderjährigen steht gegen die Vermögensauseinandersetzung durch Einkindschaft bis zum Ablauf eines halben Jahres nach erreichter Volljährigkeit die Wiedereinsetzung in den vorigen Stand zu. Zwischen dem wieder heirathenden Ehegatten und seinen Kindern aus der letzten der früheren Ehen hat ebenfalls Vermögensauseinandersetzung durch Grundtheilung oder Einkindschaft stattzufinden.[2])

---

[1]) Landr. S. 323 § 7; Comm. S. 392; Weber § 1023; Spies §§ 30, 31 S. 120. Wegen des Verlustes der lucra nuptialia s. § 38.

[2]) Landr. S. 323—325 §§ 8—12; Comm. S. 392—395; Weber §§ 1024, 1026, 1027, 1028, 1029; Spies § 30 S. 120, § 33 S. 122.

3.

Das Ehe-Einbringen.

(Dos.)

§ 8.

Das Ehe-Einbringen umfaßt:

1. Das Heirathgut, vom Landrechte auch als „Aussteuer“ bezeichnet,
2. Die Ausfertigung (Ausstattung).

Heirathgut (Aussteuer) ist Alles, was die Ehefrau dem Ehemann zur Bestreitung des ehelichen Aufwands in die Ehe bringt.[1])

Ausfertigung (Ausstattung) ist die zur Haushaltung nöthige Einrichtung.[2])

Das Heirathgut wird entweder ausdrücklich oder stillschweigend bestellt.[3])

Die unter elterlicher Gewalt befindlichen Töchter können von ihren Eltern ein den Vermögensverhältnissen derselben entsprechendes Heirathgut beanspruchen,

1. wenn sie sich auf untadelhafte Weise oder mit Zustimmung der Eltern verehelichen und weder sie selbst noch ihre Ehemänner die Mittel zum standesmäßigen Unterhalt besitzen;

---

[1]) Landr. S. 13 § 14; Weber § 51; Spies § 20 S. 39; Roth Bd. I S. 431.

[2]) Landr. S. 10 § 6; Weber § 50; Spies § 32 S. 98.

[3]) Landr. S. 13 §§ 14, 15; Weber § 51; Spies § 20 S. 39; Roth Bd. I S. 432, 433.

2. wenn ihnen ein Heirathgut versprochen wurde.[1])

Eingekindschaftete unter elterlicher Gewalt stehende Töchter können von ihren Eltern ein den Vermögensverhältnissen derselben entsprechendes Heirathgut beanspruchen, wenn sie sich auf untadelhafte Weise oder mit Zustimmung der Eltern verehelichen.[2])

Die unter elterlicher Gewalt befindlichen Töchter können von ihren Eltern die ortsübliche und den elterlichen Vermögensverhältnissen entsprechende Ausfertigung beanspruchen, wenn sie sich auf untadelhafte Weise oder mit Zustimmung der Eltern verehelichen.[3])

Abgetheilte Töchter können von ihren Eltern weder Aussteuer noch Ausfertigung beanspruchen.[4])

4.

Rechtsverhältniß während der Dauer der Ehe.

§ 9.

Dem Ehemann steht am Heirathgut der Ehefrau Verwaltung und Nutznießung zu; er ist aber nicht

---

[1]) Landr. S. 11 § 10; S. 21 § 5; S. 270 § 10; Comm. S. 8, 12, 302; Weber §§ 52, 103, 130, 819; Spies § 34 S. 98, § 36 S. 99, § 38 S. 100.

[2]) Landr. S. 272 § 13; Comm. S. 303; Weber §§ 824, 825

[3]) Landr. S. 10 § 6; S. 21 § 5; S. 270 § 10; S. 272 § 13; Comm. S. 7, 12, 302, 303; Weber §§ 103, 129, 131, 819, 824, 825; Spies §§ 31, 32 S. 98, § 36 S. 99, § 38 S. 100.

[4]) Landr. S. 273 § 16; Comm. S. 306; Weber §§ 808, 826; Spies § 37 S. 100.

Eigenthümer desselben[1]) und kann nur mit Zustimmung der Ehefrau über dasselbe verfügen.[2]) Soweit das Heirathgut der Ehefrau in Geld besteht, kann der Ehemann dessen Zahlung nur gegen Sicherheitsleistung verlangen, wenn sich das Geld bei ihm in unsicheren Händen befinden würde; in allen Fällen aber hat er den Zinsengenuß.[3])

Wird bei vertragsloser Ehe binnen Jahr und Tag nach der Eheschließung gegen den stillschweigenden Eintritt der allgemeinen Gütergemeinschaft reklamirt und zwar:

1. vom Ehemann, so kann er kein Heirathgut mehr verlangen, es sei ihm denn versprochen worden;
2. von der Ehefrau, so muß der Ehemann, falls er zur Bestreitung des ehelichen Aufwandes aus eigenen Mitteln außer Stande ist, das Heirathgut verlangen, sobald er von der Reklamation in vorschriftsmäßiger Weise Kenntniß erlangt, widrigenfalls er den Anspruch auf dasselbe verliert.[4])

---

[1]) Landr. S. 13 § 15; Comm. S. 9; Weber §§ 56, 63; Spies § 16 S. 37, § 27 S. 41.

[2]) Landr. S. 13 § 16; Comm. S. 9; Unrichtig Roth Bd. I S. 437.

[3]) Landr. S. 12 § 12; Weber § 54; Spies § 22 S. 39; Slg. Bd. VII S. 637.

[4]) Landr. S. 12 § 13; Comm. S. 8, 9. Weber § 52; Spies § 23 S. 39; § 35 S. 99; Roth Bd. I S. 431.

Der Ehemann hat den ehelichen Aufwand allein zu tragen;[1]) ihm gehört die gesammte Errungenschaft.[2])

Für Auslagen zum Besten der Ehefrau kann der Ehemann Ersatz verlangen, soweit sich diese Auslagen nicht als ehelicher Aufwand darstellen.[3])

Jeder der beiden Ehegatten ist befugt, sein Vermögen an die Kinder zu übergeben; der andere Ehegatte kann nur verlangen, daß durch die Gutsübergabe seine Rechte am Vermögen des übergebenden Ehegatten nicht geschmälert werden und noch hinreichendes Vermögen zur Bestreitung des ehelichen Aufwands übrig bleibt.[4])

Wird einer der beiden Ehegatten wegen Verschwendung entmündigt und der andere Ehegatte als Vormund desselben bestellt, so gelten bezüglich der Rechnungsstellung folgende Bestimmungen:

1. Ist der Ehemann Vormund, so ist er nur bezüglich des Heirathgutes der Ehefrau von der Rechnungsstellung befreit; die Ehefrau kann aber mit Zustimmung des Vormundschaftsgerichtes den Ehemann auch von der Rechnungsstellung bezüglich ihres übrigen Vermögens befreien;

---

[1]) Landr. S. 13 § 16; S. 37 §§ 2, 3; Comm. S. 9, 19; Weber § 66; Spies § 27 S. 41; Roth Bd. I S. 429.

[2]) Landr. S. 13 § 15; S. 37 §§ 2, 3; Comm. S. 9, 19; Weber § 65, 226; Spies § 27 S. 41.

[3]) Landr. S. 14 § 17; Comm. S. 9; Weber §§ 62, 67; Spies § 28 S. 41.

[4]) Landr. S. 68 § 4; Weber § 152; Spies § 40 S. 101.

2. ist die Ehefrau Vormund, so ist zu unterscheiden:
   a) sind Kinder vorhanden, so findet keine Rechnungsstellung statt;
   b) sind keine Kinder vorhanden, so findet bezüglich des Hauptstocks des eheherrlichen Vermögens alljährlich Rechnungsstellung statt; bezüglich der Verwaltung dieses Vermögens gelten die gleichen Bestimmungen, welche für die Verwaltung des Sondervermögens der abgetheilten Kinder durch die Eltern gelten.

   Der Ehemann kann mit Zustimmung des Vormundschaftsgerichtes seiner Ehefrau die Rechnungsstellung erlassen.[1])

Der Pflichttheil der Descendenten beträgt bei höchstens 4 Kindern ein Drittel, bei mehr als 4 Kindern die Hälfte des Vermögens der Eltern.[2])

5.

Rechtsverhältniß nach Auflösung der Ehe.

§ 10.

Auf Ableben des Ehemannes gebührt der überlebenden Wittwe ihr Ehe-Einbringen, das gerichtete Ehebett, ihre beim Tod des Ehemannes vorhandenen Kleider, Schmucksachen, Kleinodien und was standes- und ortsüblich zu ihrem Leibe gehört.[3])

---

[1]) Landr. S. 122 § 25; Comm. S. 98; Weber §§ 80, 1129, 1130, 1131; Spies § 17 S. 26.

[2]) Landr. S. 79 § 2; Weber § 133; Spies § 2 S. 153.

[3]) Landr. S. 27 § 4; Comm. S. 15; Weber §§ 92—97; Spies § 32 S. 44.

Bei der gesetzlichen Erbfolge in den Nachlaß eines verstorbenen Ehegatten ist der überlebende Ehegatte Alleinerbe, wenn Verwandte des verstorbenen Ehegatten als Erben nicht vorhanden sind.[1])

Sind beim Ableben eines Ehegatten minderjährige Kinder vorhanden, so hat der überlebende Ehegatte sofort das Vormundschaftsgericht von dem Tode in Kenntniß zu setzen; das Vormundschaftsgericht hat das Sondervermögen der Kinder, insbesondere auch das vom verstorbenen Ehegatten geerbte, durch Inventar festzustellen; unterläßt der überlebende Ehetheil diese Anzeige beim Vormundschaftsgericht, so verliert er Alles, was ihm auf Ableben des † Ehegatten aus dessen Nachlaß zukommt.[2])

Bei der gesetzlichen Erbfolge in den Nachlaß eines verstorbenen Ehegatten ist der überlebende Ehegatte Erbe auf ein Viertel des Nachlasses, wenn Descendenten als Erben nicht in Betracht kommen und der überlebende Ehegatte von dem verstorbenen Ehegatten nicht bereits für den Todesfall bedacht wurde, sog. statutarische Portion.[3])

---

[1]) Landr. S. 26 § 1; Weber § 88; Spies § 33 S. 45; § 52 S. 53.

[2]) Landr. S. 26 § 2; Comm. S. 14; Weber §§ 145, 146; Spies § 4 S. 15, § 1 S. 104; Roth Bd. I S. 637, Bd. III S. 210 A. 74.

[3]) Landr. S. 28 § 6; Comm. S. 15; Weber §§ 88, 89, 90; Spies § 34 S. 45; Bl. f. RA. Bd. XIII S. 201; Roth Bd. I. S. 530; Bd. III S. 636.

Wird die Ehe, in welcher unvollkommen eingekindschaftete Kinder vorhanden sind, dem Bande nach getrennt, so können aus dem gemeinschaftlichen Vermögen jener Ehe, aus welcher die unvollkommen eingekindschafteten Kinder stammen, keine Ehescheidungsstrafen beansprucht werden.[1])

II.

Der Güterstand der wechselseitigen Erbfolge.

1.

Begriff.

§ 11.

Dem Güterstand der wechselseitigen Erbfolge liegt der Güterstand des gemeinen Rechts zu Grunde.

Der Güterstand der wechselseitigen Erbfolge besteht darin, daß die Eheleute sich gegenseitig in einem Erbvertrag oder in einem wechselseitigen Testamente als Universalerben einsetzen, ohne einen anderen Güterstand einzuführen.[2]) Diese wechselseitigen Testamente der Ehegatten sind aber nur als Erbverträge aufzufassen, können daher nur in der für Erbverträge vorgeschriebenen Form errichtet werden und sind einseitig unwiderruflich.[3])

---

[1]) Landr. S. 294 § 1; Comm. S. 345; Weber §§ 85, 894, 895, 896; Spies § 99 S. 80.

[2]) Landr. S. 29 § 1, S. 31 § 7; Weber § 202; Spies § 12 S. 36; Roth Bd. I. S. 423, 424.

[3]) Landr. S. 30 § 2; Comm. S. 16; Weber §§ 204, 573; Spies § 12 S. 36; Roth Bd. III S. 392 A. 7; S. 396 A. 22; S. 459 A. 6; Bl. f. RA. Bd. 36 S. 240.

2.
Geltung.

§ 12.

1. Ist es zweifelhaft, ob die Eheleute den Güterstand der wechselseitigen Erbfolge oder jenen der allgemeinen Gütergemeinschaft einführen wollten, so spricht die Vermuthung für die allgemeine Gütergemeinschaft.[1])

Die Eheleute sind bei Einführung des Güterstands der wechselseitigen Erbfolge an das Pflichttheilsrecht der Ascendenten und Descendenten nicht gebunden.[2])

2. Hat der wieder heirathende Ehegatte in erster Ehe im Güterstand des gemeinen Rechts gelebt, so kann in der zweiten Ehe der Güterstand der wechselseitigen Erbfolge eingeführt werden, ohne daß zwischen dem wieder heirathenden Ehegatten und seinen ersteheliichen Kindern Vermögens-Auseinandersetzung durch Grundtheilung oder Einkindschaft stattfindet.[3])

Hat jeder der beiden sich heirathenden Ehegatten in erster Ehe im Güterstand des gemeinen

---

[1]) Landr. S. 29 § 1; S. 146, 147, 148 §§ 4, 5, 6, 7; Comm. S. 124; Weber §§ 203, 264; Spies § 12 S. 36, § 61 S. 57.

[2]) Landr. S. 30 §§ 3, 4; Comm. S. 16; Weber § 207; Spies § 5 S. 154; § 6 S. 155; § 11 S. 158; Roth, Bd. III S. 530 A. 10.

[3]) Landr. S. 226 § 2; Weber § 617. Wegen des Verlustes der lucra nuptialia s. § 38.

Rechts gelebt, so kann in der zweiten Ehe der Güterstand der wechselseitigen Erbfolge nicht eingeführt werden.[1])

3. Hat der wieder heirathende Ehetheil in erster Ehe im Güterstand der wechselseitigen Erbfolge gelebt, so kann in der zweiten Ehe der Güterstand der wechselseitigen Erbfolge eingeführt werden, ohne daß zwischen dem wieder heirathenden Ehetheil und seinen ersteheliсhen Kindern Vermögensauseinandersetzung durch Grundtheilung oder Einkindschaft stattfindet.[2])

Haben beide sich heirathende Ehegatten in erster Ehe im Güterstand der wechselseitigen Erbfolge gelebt, so kann in der zweiten Ehe der Güterstand der wechselseitigen Erbfolge nicht eingeführt werden.[3])

4. Hat der wieder heirathende Ehetheil in erster Ehe in allgemeiner Gütergemeinschaft gelebt, so kann in der zweiten Ehe der Güterstand der wechselseitigen Erbfolge nicht eingeführt werden.[4])

5. Hat der wieder heirathende Ehetheil in erster Ehe im Güterstand der Errungenschaftsgemein-

---

[1]) Landr. S. 327 § 2; Comm. S. 397; Weber § 1036; Spies § 11 S. 110. Wegen des Verlustes der lucra nuptialia s. § 38.

[2]) Landr. S. 230 § 10; Comm. S. 243, 244; Weber §§ 623, 624; Spies § 58 S. 55, § 60 S. 56, § 14 S. 112. Wegen des Verlustes der lucra nuptialia s. § 38.

[3]) Landr. S. 328 § 5; Weber § 1041; Spies § 14 S. 112. Wegen des Verlustes der lucra nuptialia s. § 38.

[4]) Landr. S. 235 § 8; Comm. S. 252; Weber §§ 636, 637; Spies § 53 S. 53, § 31 S. 120.

schaft gelebt, so kann in der zweiten Ehe der Güterstand der wechselseitigen Erbfolge eingeführt werden, ohne daß zwischen dem wieder heirathenden Ehetheil und seinen ersteheliche Kindern Vermögensauseinandersetzung durch Grundtheilung oder Einkindschaft stattfindet.[1])

Haben beide sich heirathende Ehegatten in erster Ehe im Güterstand der Errungenschaftsgemeinschaft gelebt, so kann in der zweiten Ehe der Güterstand der wechselseitigen Erbfolge nicht eingeführt werden.[2])

6. Bestand in der letzten der vorigen Ehen der Güterstand der Errungenschaftsgemeinschaft, in den übrigen der früheren Ehen aber der Güterstand des gemeinen Rechts, oder bestand in allen früheren Ehen der Güterstand des gemeinen Rechts, so kann in der weiteren Ehe der Güterstand der wechselseitigen Erbfolge nicht eingeführt werden.[3])

---

[1]) Landr. S. 231 §§ 11, 12; Comm. S. 245; Weber §§ 625, 626; Spies § 49 S. 52, § 15 S. 112. Wegen des Erlöschens der fortgesetzten Errungenschaftsgemeinschaft s. § 37; wegen des Verlustes der lucra nuptialia s. § 38.

[2]) Landr. S. 329 § 6; Comm. S. 401; Weber § 1041; Spies § 15 S. 112. Wegen des Erlöschens der fortgesetzten Errungenschaftsgemeinschaft s. § 37; wegen des Verlustes der lucra nuptialia s. § 38.

[3]) Landr. S. 322 § 4; Comm. S. 391, 392; Weber §§ 1020, 1021; Spies § 11 S. 110, § 12 S. 110. Wegen Erlöschens der fortgesetzten Errungenschaftsgemeinschaft s. § 37; wegen des Verlustes der lucra nuptialia s. § 38.

7. Bestand in der letzten der vorigen Ehen der Güterstand der wechselseitigen Erbfolge, so kann in der weiteren Ehe der Güterstand der wechselseitigen Erbfolge nicht eingeführt werden.[1])

8. Bestand in der letzten der früheren Ehen der Güterstand des gemeinen Rechts mit unvollkommen eingekindschafteten Kindern aus den früheren Ehen, so kann in der weiteren Ehe der Güterstand der wechselseitigen Erbfolge nur eingeführt werden, wenn zwischen dem wieder heirathenden Ehegatten und den eingekindschafteten Kindern Grundtheilung stattgefunden hat.[2])

9. Bestand in den früheren Ehen der Güterstand der allgemeinen Gütergemeinschaft mit vollkommen eingekindschafteten Kindern in der letzten derselben, so kann in der weiteren Ehe der Güterstand der wechselseitigen Erbfolge nicht eingeführt werden.[3])

3.

Rechtsverhältniß während der Dauer der Ehe.

---

[1]) Landr. S. 322 § 6; Weber § 1022. Wegen des Verlustes der lucra nuptialia s. § 38.

[2]) Landr. S. 323 § 7; Comm. S. 392; Weber § 1023; Spies §§ 30, 31 S. 120. Wegen Verlusts der lucra nuptialia s. § 38.

[3]) Landr. S. 323 § 8; Comm. S. 392; Weber § 1024; Spies § 38 S. 46; § 53 S. 53.

§ 13.

Die Errungenschaft gehört dem Ehemanne; er hat aber auch den ehelichen Aufwand zu bestreiten.[1])

Jeder der beiden Ehegatten kann unter Lebenden über sein Vermögen verfügen[2]), jedoch mit folgenden Beschränkungen:

1. macht ein Ehegatte ohne Zustimmung des anderen Ehegatten Schenkungen, welche das standes- und ortsübliche Maß übersteigen, so kann letzterer Aufhebung des Güterstands der wechselseitigen Erbfolge verlangen oder die Schenkung nach Ableben des Schenkers widerrufen; schon vor dem Ableben des Schenkers kann er von dem Beschenkten verlangen, daß das Geschenkte an den Schenker zurückgegeben oder wegen einstiger Rückgabe des Geschenkten infolge Widerrufs Sicherheit geleistet werde;[3])
2. wegen Verschwendung des einen Ehegatten kann der andere Ehegatte dessen Entmündigung oder Aufhebung des Güterstands der wechselseitigen Erbfolge oder sonstige geeignete Maßregeln zum Schutze seines Erbrechts beantragen.[4])

---

[1]) Landr. S. 37 § 2; Comm. S. 19; Weber §§ 65, 226; Spies § 27 S. 41.

[2]) Landr. S. 31 § 6; Weber § 211; Spies § 55 S. 54.

[3]) Landr. S. 31, 32 §§ 7, 8; Comm S. 16; Weber §§ 212, 213; Spies § 56 S. 54.

[4]) Landr. S. 32 § 9; Weber § 215.

Ein Ehegatte kann Aufhebung des Güterstands der wechselseitigen Erbfolge verlangen, wenn der andere Ehegatte sein Vermögen merklich verringert:

1. durch Schenkungen, welche das standes- und ortsübliche Maß übersteigen,
2. durch Verschwendung,
3. durch namhafte vor der Eheschließung oder doch vor Einführung des Güterstands der wechselseitigen Erbfolge gemachte, dem anderen Ehegatten unbekannte Schulden,
4. durch Deliktsschulden, gleichviel ob das Delikt vor oder nach der Eheschließung erfolgt ist.[1])

Außer in den voraufgeführten Fällen ist kein Ehetheil befugt, einseitig den Güterstand der wechselseitigen Erbfolge zur Aufhebung zu bringen.[2])

Die Gutsübergabe kann nur mit Einwilligung beider Ehegatten erfolgen.[3])

Wird ein Ehegatte wegen Verschwendung entmündigt und der andere Ehegatte als Vormund desselben bestellt, so findet keine Rechnungsstellung statt.[4])

---

[1]) Landr. S. 33 § 13; Comm. S. 17; Weber §§ 212, 214, 215, 222, 223; Spies § 58 S. 54.

[2]) Landr. S. 34 § 15; Weber § 222; Spies § 58 S. 54.

[3]) Landr. S. 69 § 6; Comm. S. 45; Weber § 153; Spies § 40 S. 101.

[4]) Landr. S. 121 § 23; Comm. S. 97; Weber §§ 1129, 1130; Spies § 17 S. 26.

4.

Rechtsverhältniß nach Auflösung der Ehe.

§ 14.

1. Auf Ableben des einen Ehegatten ist der überlebende Ehegatte als dessen Universalerbe berufen.[1]) Derselbe kann die Erbschaft antreten oder ausschlagen.[2]) Tritt der überlebende Ehegatte die Erbschaft des verstorbenen Ehegatten an, so hat er, wenn minderjährige Kinder vorhanden sind, bezüglich des Rücklasses ein amtliches Inventar zu errichten; von der Errichtung dieses Inventars ist er bloß dann befreit, wenn er wegen hohen Alters oder anderer Umstände halber offenbar außer Stande ist, sich wieder zu verehelichen.[3]) —

   Ueber das vom verstorbenen Ehegatten ererbte Vermögen kann der überlebende Ehegatte frei verfügen, es sei denn daß die Eheleute etwas Anderes bestimmt hätten.[4])

2. Wird der Güterstand der wechselseitigen Erbfolge nach der Geburt von Kindern eingeführt,

---

[1]) Landr. S. 31 § 5; Weber § 210; Spies § 54 S. 53; Bl. f. RA. Bd. 24 S. 144.

[2]) Landr. S. 35 § 16; Comm. S. 18; Weber § 217; Spies § 60 S. 56.

[3]) Landr. S. 35 § 17; Comm. S. 18; Weber §§ 218, 219; Spies § 4 S. 15; § 60 S. 56; § 1 S. 104, 105.

[4]) Landr. S. 35 § 18; Comm. S. 18; Weber §§ 220; Spies § 60 S. 56.

so tritt auf Ableben des einen Ehegatten immer die Erbfolge des überlebenden Ehegatten ein; wird der Güterstand der wechselseitigen Erbfolge vor der Geburt von Kindern eingeführt, so gilt auf Ableben des einen Ehegatten bei beerbter Ehe die wechselseitige Erbfolge als aufgehoben; wird der Güterstand der wechselseitigen Erbfolge vor der Geburt von Kindern eingeführt, so tritt auf Ableben des einen Ehegatten bei unbeerbter Ehe die Erbfolge des überlebenden Ehegatten ein.[1])

3. Wird der Güterstand der wechselseitigen Erbfolge auf dem Krankenbett eingegangen, so verliert dieser Ehevertrag, wenn der kranke Ehegatte an dieser Krankheit stirbt, und Notherben hinterläßt, seine Kraft und tritt die Erbfolge auf Grund des ehelichen Güterstandes ein, der vor diesem Ehevertrag bestanden hat.[2])

4. Hat der wieder heirathende Ehegatte in erster Ehe im Güterstand des gemeinen Rechts gelebt, und wird in der zweiten Ehe der Güterstand der wechselseitigen Erbfolge eingeführt, so hat auf Ableben des wieder heirathenden Ehegatten, wenn der überlebende Ehegatte die Erbschaft antritt, zwischen dem überlebenden Ehegatten und seinen aus der Ehe mit dem verstorbenen

---

[1]) Landr. S. 32, 33 §§ 10, 11; Comm. S. 17; Weber §§ 208, 209; Spies § 60 S. 55; § 7 S. 108.

[2]) Landr. S. 141, 142 § 14; Comm. S. 118; Weber §§ 205, 206, 276; Spies § 57 S. 54; § 101 S. 81, § 11 S. 158.

Ehetheil vorhandenen Kindern einerseits und den aus der ersten Ehe des verstorbenen Ehetheils vorhandenen Kindern andrerseits Grundtheilung stattzufinden in der Weise, daß das gesammte von der wechselseitigen Erbfolge ergriffene Vermögen des verstorbenen und des überlebenden Ehetheils nach Kopftheilen getheilt wird, wobei die Kopftheile der leiblichen Kinder des überlebenden Ehegatten diesem als Eigenthum zufallen. Ueberlebt der wieder heirathende Ehetheil den anderen Ehegatten, so hat er, wenn er die Erbschaft antritt, und minderjährige Kinder aus der Ehe mit dem verstorbenen Ehetheil vorhanden sind, bezüglich des Rücklasses ein amtliches Inventar zu errichten; von der Errichtung dieses Inventars ist er bloß dann befreit, wenn er hohen Alters oder anderer Umstände halber offenbar außer Stande ist, wieder zu heirathen.[1])

III.
Der Güterstand der allgemeinen Gütergemeinschaft.

1.
Begriff.

§ 15.

Das Wesen der allgemeinen Gütergemeinschaft besteht darin, daß die Eheleute ihr Vermögen derart

[1]) Landr. S. 226, 227 §§ 2, 3, 4; Comm. S. 238—240; Weber §§ 617, 946, 983, 984, 985; Spies § 54 S. 53, § 60 S. 56, § 11 S. 110, § 58 S. 55.

mit einander vermischen, daß einem jeden von ihnen an dem ganzen vermischten Vermögen das volle Eigenthum zusteht und sie daher mit Rücksicht auf das vermischte Vermögen als Personen-Einheit gelten.

Die allgemeine Gütergemeinschaft ist demnach ein Gesammteigenthum (condominium in solidum), nicht ein Miteigenthum (condominium pro indiviso).[1]) Nur aus dem Wesen des Gesammteigenthums erklärt es sich,

1. daß auf Ableben des einen Ehegatten keine Erbschaft und daher keine Verlassenschaftsverhandlung stattfindet, sondern das gemeinschaftliche Vermögen sich in der Person des überlebenden Ehegatten (ohne Erbübergang) zum Alleineigenthum konsolidirt, da der überlebende Ehegatte beim Abtreten des einen Gesammteigenthümers nichts Neues erhält, sondern nur das, was er vorher schon als Gesammteigenthum mit dem verstorbenen Ehegatten gehabt hat;
2. daß während der Dauer der Ehe keiner der beiden Ehegatten zu einer einseitigen letztwilligen Ver-

---

[1]) Landr. S. 145 § 1; Weber § 266; Spies § 14 S. 37; Slg. Bd. VII S. 634, 643, 650; Bl. f. RA. Bd. XXIV S. 118; Bd. XXV S. 145 ff; Bd. XXXII S. 289 ff. Roth Bd. I S. 450, 458. Commentar S. 123 § 1: Neuter conjugum recte diceret, hoc meum, hoc tuum est; sed quod unius, idipsum est alterius cum eodem jure et onere. Per hoc distinguitur communio bonorum Bambergensis non tantum a societate bonorum simplici, quatenus de jure communi nota, sed etiam a communione mere quaestuaria.

fügung über das gemeinschaftliche Vermögen befugt ist, da jeder der beiden Ehegatten voller Eigenthümer desselben ist und es auf Ableben des einen Ehegatten zum Alleineigenthum erhalten soll.[1])

2.
Geltung.

a.
Eintritt der allgemeinen Gütergemeinschaft.

α.
Die vertragsmäßige allgemeine Gütergemeinschaft.

§ 16.

Die allgemeine Gütergemeinschaft kann durch Vertrag eingeführt werden.[2]) Ist es nach diesem Vertrage zweifelhaft, ob die Eheleute den Güterstand der allgemeinen Gütergemeinschaft oder jenen der wechselseitigen Erbfolge einführen wollten, so spricht die Vermuthung für den Güterstand der allgemeinen Gütergemeinschaft.[3])

---

[1]) Slg. Bd. V S. 23; VII S. 127; X S. 289, 435, 612; XI S. 30, 259; Bl. f. RA. Bd. XIX S. 147; XXV S. 145 ff.; XXXII S. 289; XXXIX S. 391; XLIX S. 188; Seuff. Archiv Bd. XVIII S. 488; XXI S. 97.

[2]) Landr. S. 146 § 3; Comm. S. 123; Weber § 269, 270; Spies § 65 S. 60.

[3]) Landr. S. 146, 147, 148 §§ 4, 5, 6, 7; S. 29 § 1; Comm. S. 124; Weber §§ 203, 264; Spies § 12 S. 36, § 61 S. 57.

Wird der Vertrag auf dem Krankenbette abgeschlossen, so verliert derselbe, wenn der kranke Ehegatte an dieser Krankheit stirbt und Notherben hinterläßt, seine Kraft und tritt die Erbfolge auf Grund des ehelichen Güterstandes ein, der vor diesem Ehevertrag bestanden hat.[1])

Der Vertrag kann auch abgeschlossen werden

1. unter der aufschiebenden Bedingung, daß die Ehe Jahr und Tag gedauert hat;[2])
2. unter der auflösenden Bedingung, daß die Ehe, wenn in derselben lebende Kinder nicht geboren werden, wieder aufgehoben sein soll, welche Bedingung im Zweifel dahin zu verstehen ist, daß durch den Tod der Kinder die allgemeine Gütergemeinschaft ebenfalls wieder aufgehoben sein soll.[3])

β.

Die stillschweigende allgemeine Gütergemeinschaft.

§ 17.

1. Bei vertragsloser Ehe tritt die allgemeine Gütergemeinschaft stillschweigend ein, wenn die Ehe-

---

[1]) Landr. S. 141, 142 § 14; Comm. S. 118; Weber § 276; Spies § 57 S. 54, § 101 S. 81, § 11 S. 158.

[2]) Landr. S. 148, 149 §§ 9, 11; S. 9 § 4; Comm. S. 124; Weber §§ 47, 271; Spies § 65 S. 60, § 103 S. 83, § 11 S. 35, § 67 S. 62.

[3]) Landr. S. 149 § 12; S. 175 §§ 21, 22, 23; Comm. S. 125, 156, 157, 158; Weber §§ 47, 273, 274, 396, 426, 427, 428; Spies § 11 S. 36, § 65 S. 60, 61; § 80 S. 68, § 74. S. 64.

leute von der Eheschließung an Jahr und Tag im Gebiete des Landrechts ihren Wohnsitz haben und während dieses Zeitraums die Pflicht zur ehelichen Beiwohnung besteht.[1])

Die Pflicht zur ehelichen Beiwohnung wird durch bösliche Verlassung, durch Erhebung der Klage auf Ehescheidung nicht aufgehoben.[2])

Die allgemeine Gütergemeinschaft, welche stillschweigend eintritt, wird vom Landrecht als durch stillschweigenden Vertrag eingeführt bezeichnet.[3])

2. Der stillschweigende Eintritt der allgemeinen Gütergemeinschaft kann verhindert werden durch die Reklamation.

a) Reklamation ist die innerhalb Jahr und Tag nach der Eheschließung seitens eines in vertragsloser Ehe lebenden Ehegatten erklärte Verwahrung (Einspruch) gegen den stillschweigenden Eintritt der allgemeinen Gütergemeinschaft.[4])

---

[1]) Landr. S. 150, 152 §§ 1, 2, 8; Comm. S. 125, 126, 130; Weber §§ 277, 278, 279; Spies § 66 S. 61; Roth Bd. I S. 457.

[2]) Landr. S. 153 §§ 9, 10; Comm. S. 130—133; Weber §§ 280, 281, 282, 283; Spies § 66 S. 61.

[3]) Landr. S. 21 § 4 S. 167 § 7; Comm. S. 11; Weber § 320.

[4]) Landr. S. 154 §§ 1, 2; Comm. S. 133, 134; Weber §§ 284, 285, 319; Spies § 66 S. 61, § 92 S. 74.

b) Die Reklamation muß bei demjenigen Amtsgerichte angebracht werden, in dessen Bezirk der reklamirende Ehetheil seinen allgemeinen Gerichtsstand hat.[1])

Ist der reklamirende Ehetheil verhindert, die Reklamation beim Amtsgerichte des Wohnortes anzubringen, so kann dieselbe auch beim Amtsgerichte des Aufenthaltsortes oder vor einem Notar und 2 Zeugen erklärt werden; ist der reklamirende Ehetheil auch hieran verhindert, so kann dieselbe auch lediglich vor 2 Zeugen erklärt werden. Ueber die vor dem Amtsgerichte des Aufenthaltsortes erklärte Reklamation ist ein Protokoll, über die vor einem Notar und zwei Zeugen oder lediglich vor zwei Zeugen erklärte Reklamation ist eine Urkunde aufzunehmen.[2])

Nach Wegfall des Hinderungsgrundes muß aber die Reklamation binnen 8 Tagen beim Amtsgerichte des Wohnortes unter urkundlichem Nachweis der vor dem Amtsgerichte des Aufenthaltsortes oder vor einem Notar und 2 Zeugen oder lediglich vor zwei Zeugen

---

[1]) Landr. S. 155 § 4; Comm. S. 134; Weber §§ 289, 290; Spies § 93 S. 75.

[2]) Landr. S. 155 § 5; Comm. S. 135; Weber § 289; Spies § 93 S. 75.

erklärten Reklamation wiederholt werden, widrigenfalls sie ungiltig wird.[1])

Die Reklamation bleibt giltig, wenn vor Wiederholung derselben beim Amtsgerichte des Wohnortes ein Ehegatte oder beide Ehegatten sterben.[2])

c) Das Amtsgericht des Wohnortes hat dem reklamirenden Ehetheil Reklamationsbenachrichtigung zu ertheilen, welche derselbe dem anderen Ehetheil zuzustellen und innerhalb 3 Wochen nach geschehener Reklamation Zustellungsnachweis zu den Akten zu bringen hat; wenn erhebliche Gründe glaubhaft gemacht werden, so kann die 3wöchige Frist vom Amtsgerichte verlängert werden.[3])

Wird der Zustellungsnachweis binnen der Frist beigebracht, so ist die Reklamation giltig; außerdem ist sie ungiltig.[4])

Beim Reklamationsverfahren braucht nur die Reklamationserklärung des reklamirenden Ehegatten vor dem Amtsgerichte des Wohnortes oder Aufenthaltsortes, vor Notar und

[1]) Landr. S. 155 § 6; Comm. S. 135; Weber § 289; Spies § 93 S. 75.

[2]) Landr. S. 156 § 7; Comm. S. 135; Weber § 289; Spies § 93 S. 75.

[3]) Landr. S. 156 §§ 9, 10; Comm. S. 135—140; Weber §§ 292—296; Spies § 94 S. 76.

[4]) Landr. S. 157 § 11; Weber § 296; Spies § 94 S. 75.

2 Zeugen oder lediglich vor 2 Zeugen vor Ablauf von Jahr und Tag zu erfolgen; das weitere Verfahren kann auch nach Ablauf von Jahr und Tag erfolgen.[1])

Die Reklamation bleibt giltig, wenn ein Ehegatte oder beide Ehegatten nach der Reklamationserklärung, jedoch vor Durchführung des weiteren Verfahrens sterben.[2])

Die giltige Reklamation ist durch das Gericht öffentlich bekannt zu machen.[3])

d) Vor Ablauf von Jahr und Tag kann die Reklamation widerrufen werden, solange nicht der andere Ehegatte bei Gericht die Annahme der Reklamation erklärt hat.[4])

Nach Ablauf von Jahr und Tag kann die Reklamation nur mit Zustimmung des anderen Ehetheils widerrufen werden, selbst wenn dieser die Reklamationsbenachrichtigung noch nicht erhalten hat.[5])

Vor Ablauf von Jahr und Tag kann der Widerruf der Reklamation widerrufen werden, solange nicht der andere Ehetheil bei Gericht

---

[1]) Landr. S. 157 § 12; Weber § 288; Spies § 92 S. 75.

[2]) Landr. S. 158 §§ 13, 14, 15; Weber § 301; Spies § 94 S. 76.

[3]) Landr. S. 158 § 15; Weber § 301.

[4]) Landr. S. 161 § 23; Comm. S. 142; Weber § 303; Spies § 95 S. 76.

[5]) Landr. S. 161 § 24; Comm. S. 142; Weber §§ 304—307; Spies § 95 S. 76.

die Annahme des Widerrufs der Reklamation erklärt hat.[1])

Nach Ablauf von Jahr und Tag kann der Widerruf der Reklamation nur mit Zustimmung des anderen Ehegatten widerrufen werden.[2])

e) Wird der Widerruf der Reklamation nach Ablauf von Jahr und Tag widerrufen, und ist der andere Ehegatte mit diesem Widerruf einverstanden, so gelten die Eheleute hinsichtlich der Schuldenhaftung doch als in allgemeiner Gütergemeinschaft lebend, wenn nicht der Widerruf der Reklamation binnen 3 Monaten nach Ablauf von Jahr und Tag widerrufen, dem anderen Ehetheil noch innerhalb derselben Frist durch das Gericht hievon Nachricht gegeben wurde und dieser nicht innerhalb eines Monats vom Tage der Benachrichtigung an bei Gericht seine Annahme-Erklärung abgegeben hat.[3])

b.
Geltung in erster Ehe.
§ 18.

Bezüglich der Geltung der allgemeinen Güter-

---

[1]) Landr. S. 162 § 25; Comm. S. 143; Weber §§ 309, 310; Spies § 95 S. 76.

[2]) Landr. S. 162 § 26; Comm. S. 143; Weber §§ 302, 311.

[3]) Landr. S. 163 §§ 27, 28; Comm. S. 143; Weber § 313; Spies § 95 S. 76; s. auch § 23.

gemeinschaft in erster Ehe finden die Bestimmungen und Vorschriften Anwendung, welche in den vorausgehenden §§ 16, 17 dieser Darstellung enthalten sind.

c.

Geltung in zweiter Ehe.

§ 19.

1. Hat der wieder heirathende Ehegatte in erster Ehe im Güterstand des gemeinen Rechts gelebt, so kann in der zweiten Ehe der Güterstand der allgemeinen Gütergemeinschaft eingeführt werden, ohne daß zwischen dem wieder heirathenden Ehetheil und seinen ersteheliche Kindern Vermögensauseinandersetzung durch Grundtheilung oder Einkindschaft stattfindet.

Der wieder heirathende Ehegatte und dessen ersteheliche Kinder können aber verlangen, daß der künftige andere Ehegatte ihnen ein Verzeichniß seines Vermögens vorlege; übersteigen darnach die Schulden merklich dessen Vermögen, so haben die Kinder des wieder heirathenden Ehegatten aus 1. Ehe bei der künftigen Erbtheilung einen Erbtheil zu beanspruchen, welcher gegenüber dem Erbtheil der übrigen Miterben um so viel größer ist, als nach diesem Vermögensverzeichniß die Schulden des künftigen anderen Ehegatten dessen Vermögen übersteigen.[1])

[1]) Landr. S. 229, 230 §§ 7, 8, 9; Comm. S. 242, 243; Weber §§ 620, 621, 622; Spies § 13 S. 112. Wegen des Verlustes der lucra nuptialia s. § 38.

Haben beide Brautleute in 1. Ehe im Güterstand des gemeinen Rechts gelebt, so kann in der zweiten Ehe der Güterstand der allgemeinen Gütergemeinschaft eingeführt werden; sowohl die wieder heirathenden Ehegatten als deren ersteheliche Kinder können aber Vermögensauseinandersetzung durch Grundtheilung verlangen, bei welcher Grundtheilung die Kinder den Pflichttheil auf Grund des Güterstands des gemeinen Rechts zu beanspruchen haben.[1] Unterbleibt die Grundtheilung, so genießen die erstehelichen Kinder der beiden Ehegatten die Rechte eingekindschafteter Kinder.[2]

2. Hat der wieder heirathende Ehegatte in erster Ehe im Güterstand der wechselseitigen Erbfolge gelebt, so kann in zweiter Ehe der Güterstand der allgemeinen Gütergemeinschaft eingeführt werden, ohne daß zwischen dem wieder heirathenden Ehegatten und seinen erstehelichen Kindern Vermögensauseinandersetzung durch Grundtheilung oder Einkindschaft stattfindet.

Der wieder heirathende Ehegatte und seine erstehelichen Kinder können aber verlangen, daß der künftige andere Ehegatte ihnen ein Verzeichniß seines Vermögens vorlege; übersteigen dar-

---

[1]) Landr. S. 328 § 4; Comm. S. 398, 399, 400; Weber §§ 1039, 1040; Spies § 13 S. 112. Wegen des Verlustes der lucra nuptialia s. § 38.

[2]) Landr. S. 330 § 11; Comm. S. 403; Weber §§ 1046, 1047.

nach die Schulden merklich dessen Vermögen, so haben die erstehelichen Kinder des wieder heirathenden Ehegatten bei der künftigen Erbtheilung einen Erbtheil zu beanspruchen, welcher gegenüber dem Erbtheil der übrigen Miterben um so viel größer ist, als nach obigem Vermögensverzeichniß die Schulden des künftigen anderen Ehegatten dessen Vermögen übersteigen.[1])

Haben beide Brautleute in 1. Ehe im Güterstand der wechselseitigen Erbfolge gelebt, so kann in der zweiten Ehe der Güterstand der allgemeinen Gütergemeinschaft eingeführt werden; es können aber sowohl die wieder heirathenden Ehegatten als deren ersteheliche Kinder Vermögensauseinandersetzung durch Grundtheilung verlangen. Bei dieser Grundtheilung haben die erstehelichen Kinder der Brautleute den Pflichttheil auf Grund des Güterstands des gemeinen Rechts zu beanspruchen; unterbleibt diese Grundtheilung, so genießen die erstehelichen Kinder der Brautleute die Rechte eingekindschafteter Kinder.[2])

3. Bestand in der ersten Ehe der Güterstand der allgemeinen Gütergemeinschaft, so kann in der zweiten Ehe gleichfalls der Güterstand der all=

---

[1]) Landr. S. 230 § 10; Comm. S. 243, 244; Weber §§ 623, 624; Spies § 58 S. 55; § 60 S. 56; § 14 S. 112. Wegen des Verlustes der lucra nuptialia s. § 38.

[2]) Landr. S. 328 § 5; Weber § 1041; Spies § 14 S. 112. Wegen des Verlustes der lucra nuptialia s. § 38.

gemeinen Gütergemeinschaft eingeführt werden, nachdem zwischen dem wieder heirathenden Ehetheil und seinen ersteheIichen Kindern Vermögensauseinandersetzung stattgefunden hat.

Diese Vermögensauseinandersetzung kann erfolgen durch Grundtheilung oder durch Einkindschaft (sog. vollkommene Einkindschaft) oder durch Herausgabe des Ehe-Einbringens des verstorbenen Ehegatten an die Kinder. Durch Herausgabe des Ehe-Einbringens des verstorbenen Ehegatten an die Kinder kann die Vermögensauseinandersetzung nur mit Zustimmung aller Betheiligten erfolgen.

Grundtheilung können nur die Kinder verlangen, und auch diese nur, wenn durch die Wiederverehelichung des verwittweten Ehegatten Gefahr besteht, daß der Pflichttheil, welcher ihnen am gemeinschaftlichen Vermögen der ersten Ehe gebührt, ganz oder theilweise zu Verlust geht.[1])

Bestand in 1. Ehe der Güterstand der allgemeinen Gütergemeinschaft, so kann in der zweiten Ehe der Güterstand der allgemeinen Gütergemeinschaft und die Einkindschaft auch unter der aufschiebenden Bedingung eingegangen werden, daß die Ehe Jahr und Tag dauert, wenn sämmt-

---

[1]) Landr. S. 236—240 §§ 10—23; Comm. S. 253, 254; Weber §§ 638—652, 657—661; Spies § 32 S. 121, § 6 S. 155; Bl. f. RA. Bd. V S. 99, 123.

liche ersteheliche Kinder des wieder heirathenden Ehegatten volljährig sind und zustimmen.[1])

Bestand in der 1. Ehe der Güterstand der allgemeinen Gütergemeinschaft, so kann in der zweiten Ehe derselbe Güterstand unter der auflösenden Bedingung, daß er wieder aufgehoben sein soll, wenn in der Ehe lebende Kinder nicht geboren werden, nicht eingegangen werden.[2])

Bestand in 1. Ehe der Güterstand der allgemeinen Gütergemeinschaft, so tritt bei vertragsloser zweiter Ehe die allgemeine Gütergemeinschaft und die Einkindschaft nach Ablauf von Jahr und Tag stillschweigend ein.[3])

Haben beide Brautleute in 1. Ehe in allgemeiner Gütergemeinschaft gelebt, so kann in der zweiten Ehe ebenfalls die allgemeine Gütergemeinschaft eingeführt werden, nachdem zwischen den Brautleuten und ihren erstehelichen Kindern Vermögensauseinandersetzung stattgefunden hat. Auf Verlangen der wieder heirathenden Elterntheile oder ihrer erstehelichen Kinder hat Ver-

---

[1]) Landr. S. 257 § 2; Comm. S. 284; Weber § 710; Spies § 65 S. 60; § 43 S. 129.

[2]) Landr. S. 257 § 4; Comm. S. 284, 285; Weber §§ 711, 712, 713, 716; Spies § 65 S. 61, § 43 S. 129; Bl. f. RA. Bd. IV S. 231.

[3]) Landr. S. 258 § 7; Comm. S. 286; Weber § 708; Spies § 66 S. 62; Bl. f. RA. Bd. V S. 123.

mögens-Auseinandersetzung durch Grundtheilung stattzufinden.[1])

4. Bestand in erster Ehe der Güterstand der Errungenschaftsgemeinschaft, so kann in der zweiten Ehe der Güterstand der allgemeinen Gütergemeinschaft eingeführt werden, ohne daß zwischen dem wieder heirathenden Elterntheil und seinen ersteheIichen Kindern Vermögensauseinandersetzung durch Grundtheilung oder Einkindschaft stattfindet. Der wieder heirathende Elterntheil und dessen ersteheliche Kinder können aber verlangen, daß der künftige andere Ehegatte ihnen ein Verzeichniß seines Vermögens vorlege; übersteigen darnach die Schulden merklich dessen Vermögen, so haben die erstehelichen Kinder des wieder heirathenden Ehegatten bei der künftigen Erbtheilung einen Erbtheil zu beanspruchen, welcher gegenüber dem Erbtheil der übrigen Miterben um so viel größer ist, als nach diesem Vermögensverzeichniß die Schulden des künftigen anderen Ehegatten dessen Vermögen übersteigen.[2])

Haben beide Brautleute in erster Ehe im Güterstand der Errungenschaftsgemeinschaft ge-

---

[1]) Landr. S. 329 §§ 8, 9; Comm. S. 402; Weber §§ 1044, 1045; Spies § 33 S. 121, § 40 S. 127.

[2]) Landr. S. 231 § 11, 12; Comm. S. 245; Weber §§ 625, 626; Spies § 49 S. 52, § 15 S. 112. Wegen des Verlustes der lucra nuptialia s. § 38; wegen des Erlöschens der fortgesetzten Errungenschaftsgemeinschaft s. § 37.

lebt, so kann in der zweiten Ehe der Güterstand der allgemeinen Gütergemeinschaft eingeführt werden; es können aber sowohl die wieder heirathenden Ehegatten als deren ersteheliche Kinder Vermögens-Auseinandersetzung durch Grundtheilung verlangen. Bei dieser Grundtheilung haben die erstehelichen Kinder der Brautleute den Pflichttheil nach gemeinem Recht (s. unten § 69) zu beanspruchen. Unterbleibt die Grundtheilung, so genießen die erstehelichen Kinder der Brautleute die Rechte eingekindschafteter Kinder.[1])

d.

Geltung in dritter und noch weiterer Ehe.

§ 20.

1. Bestand in der letzten der vorigen Ehen der Güterstand der Errungenschaftsgemeinschaft, in den übrigen früheren Ehen aber der Güterstand des gemeinen Rechts oder bestand in allen früheren Ehen der Güterstand des gemeinen Rechts, so kann in der weiteren Ehe der Güterstand der allgemeinen Gütergemeinschaft eingeführt werden, ohne daß zwischen dem wieder heirathenden Elterntheil und seinen Kindern aus

---

[1]) Landr. S. 329 § 6; Comm. S. 401; Weber § 1041; Spies § 15 S. 112. Wegen des Verlustes der lucra nuptialia s. § 38; wegen des Erlöschens der fortgesetzten Errungenschaftsgemeinschaft s. § 37.

den früheren Ehen Vermögensauseinandersetzung durch Grundtheilung oder Einkindschaft stattfindet.

Der wieder heirathende Ehegatte und dessen Kinder aus den früheren Ehen können aber verlangen, daß der künftige andere Ehegatte ihnen ein Verzeichniß seines Vermögens vorlege. Uebersteigen darnach die Schulden merklich dessen Vermögen, so haben die Kinder des wieder heirathenden Ehegatten aus den früheren Ehen bei der künftigen Erbtheilung einen Erbtheil zu beanspruchen, welcher gegenüber dem Erbtheil der übrigen Miterben um so viel größer ist, als nach obigem Vermögensverzeichniß die Schulden des künftigen anderen Ehegatten dessen Vermögen übersteigen.[1])

2. Bestand in der letzten der vorigen Ehen der Güterstand der wechselseitigen Erbfolge, so kann in der weiteren Ehe der Güterstand der allgemeinen Gütergemeinschaft eingeführt werden, ohne daß zwischen dem wieder heirathenden Ehegatten und seinen Kindern aus den vorigen Ehen Vermögensauseinandersetzung durch Grundtheilung oder Einkindschaft stattfindet. Der wieder heirathende Ehegatte und dessen Kinder aus den vorigen Ehen können aber verlangen, daß der künftige andere Ehegatte ihnen ein

---

[1]) Landr. S. 322 § 5; Weber § 1020. Wegen des Verlustes der lucra nuptialia s. § 3[illegible]; wegen Erlöschens der fortgesetzten Errungenschaftsgemeinschaft s. § 37.

Verzeichniß seines Vermögens vorlege. Uebersteigen darnach die Schulden merklich dessen Vermögen, so haben die Kinder des wieder heirathenden Elterntheils aus den früheren Ehen bei der künftigen Erbtheilung einen Erbtheil zu beanspruchen, welcher gegenüber dem Erbtheil der übrigen Miterben um so viel größer ist, als nach diesem Vermögensverzeichniß die Schulden des künftigen anderen Ehegatten dessen Vermögen übersteigen.[1])

3. Bestand in den früheren Ehen der Güterstand der allgemeinen Gütergemeinschaft mit vollkommen eingekindschafteten Kindern in der letzten derselben, so kann in der weiteren Ehe der Güterstand der allgemeinen Gütergemeinschaft eingeführt werden, nachdem zwischen dem wiederheirathenden Ehegatten und seinen eingekindschafteten Kindern Vermögensauseinandersetzung durch Grundtheilung oder Einkindschaft stattgefunden hat. Auf Verlangen des wieder heirathenden Ehegatten oder der eingekindschafteten Kinder hat Vermögensauseinandersetzung durch Grundtheilung stattzufinden. Minderjährigen eingekindschafteten Kindern steht gegen die Vermögensauseinandersetzung durch Einkindschaft bis zum Ablauf eines halben Jahres nach erreichter

---

[1]) Landr. S. 322 § 6; Weber § 1022. Wegen des Verlustes der lucra nuptialia s. § 38.

Volljährigkeit die Wiedereinsetzung in den vorigen Stand zu.

Zwischen dem wieder heirathenden Ehegatten und seinen aus der vorigen letzten Ehe vorhandenen Kindern hat ebenfalls Vermögensauseinandersetzung durch Grundtheilung oder Einkindschaft stattzufinden.[1])

3.
Rechtsverhältniß während der Dauer der Ehe.

a.
Objekt.

§ 21.

Die allgemeine Gütergemeinschaft bewirkt, daß das gesammte gegenwärtige und zukünftige Vermögen der Eheleute gemeinschaftlich wird.[2]) Das nicht gemeinschaftliche Vermögen des einzelnen Ehegatten ist sein Sondervermögen, bezüglich dessen die erbrechtlichen Bestimmungen des gemeinen Rechts gelten.[3])

Zum Sondervermögen des einzelnen Ehegatten gehören:

---

[1]) Landr. S. 323—325 §§ 8—12; Comm. S. 392—395; Weber §§ 1025, 1026, 1027, 1028, 1029; Spies § 30 S. 120; § 33 S. 122.

[2]) Landr. S. 166 ff. §§ 1, 2, 4, 5; Comm. S. 146, 148; Weber §§ 327, 335, 356, 357; Spies § 62 S. 57, § 70 S. 63; Slg. Bd. VII S. 643, 650.

[3]) Landr. S. 183 § 16.

1. Der Vorbehalt:

Die Bestellung eines Vorbehalts kann nur erfolgen, wenn die allgemeine Gütergemeinschaft durch Vertrag eingeführt wird. Die Bestellung des Vorbehalts ist nichtig, wenn sie in der Weise geschieht, daß ein quoter Theil des Vermögens als Vorbehalt bestimmt wird.[1]) Der Vorbehalt kann gemacht werden mit Hauptstock und Nutzung oder nur mit dem Hauptstock; im Zweifel gilt nur der Hauptstock als vorbehalten.[2])

Wenn sich ein Ehegatte nach Einführung der allgemeinen Gütergemeinschaft einen Vorbehalt macht, so ist die Zustimmung des anderen Ehegatten erforderlich. Ein solcher Vorbehalt gilt aber als Schenkung unter Ehegatten und hat daher in den für diese vorgeschriebenen Formen zu geschehen; keine Schenkung unter Ehegatten ist es aber, wenn beide Ehegatten nach Einführung der allgemeinen Gütergemeinschaft mit gegenseitiger Zustimmung sich einen Vorbehalt machen.[3])

Der Vorbehalt, welcher erst nach Einführung der allgemeinen Gütergemeinschaft gemacht wird,

[1]) Landr. S. 177 § 1; S. 180 § 8; Comm. S. 161, 163; Weber §§ 334, 337, 338, 346; Spies § 63 S. 59; Roth Bd. I S. 459 A. 7, 8.

[2]) Landr. S. 178 § 3; Comm. S. 162; Weber §§ 333, 336, 339; Spies § 63 S. 59; Roth, Bd. I S. 459 A. 12.

[3]) Landr. S. 178 § 4; Comm. S. 162; Weber § 342; Spies § 63 S. 58.

gilt für die Gläubiger der Eheleute doch als gemeinschaftliches Vermögen.[1])

Hat sich die Ehefrau eine unbewegliche Sache nur mit dem Hauptstock vorbehalten, so kann sie ohne Zustimmung des Ehemannes unter Lebenden nicht darüber verfügen; hat sich der Ehemann eine unbewegliche Sache nur mit dem Hauptstock vorbehalten, so kann er unter Lebenden und von Todeswegen frei darüber verfügen.[2])

Der Elterntheil, welcher wieder heirathet, und seine ersteheliche Kinder in die zweite Ehe einkindschaftet, kann sich aus dem gemeinschaftlichen Vermögen keinen Vorbehalt machen.[3])

2. Die Schenkungen unter Ehegatten[4]):

Den Gläubigern der Eheleute haften solche Schenkungen ebenso, wie das gemeinschaftliche Vermögen.[5])

3. Der Braut- und Mahlschatz (arrha sponsalitia), die Schenkungen unter Brautleuten.[6])

---

[1]) Landr. S. 177 § 2; Comm. S. 162; Weber §§ 340, 341, 342.

[2]) Landr. S. 180 § 7; Comm. S. 163; Weber § 345; Spies § 63 S. 59; Roth Bd. I S. 459 A. 12.

[3]) Landr. S. 254 § 18; Comm. S. 280, 281; Weber §§ 787, 788; Spies § 63 S. 59; Bl. f. RA. Bd. V S. 141.

[4]) Ueber die Schenkungen unter Ehegatten s. § 39.

[5]) Landr. S. 182 § 13; Comm. S. 169; Spies § 71 S. 63.

[6]) Landr. S. 182 § 12; Comm. S. 166; Weber §§ 334, 349; Spies § 63 S. 57; Roth Bd. I S. 459.

4. Zuwendungen seitens eines Dritten an einen der Ehegatten:
   a) Zuwendungen mit der Bestimmung, daß sie Alleineigenthum des bedachten Ehegatten sein sollen;
   b) Zuwendungen mit der Bestimmung, daß sie wieder zurückfallen sollen, welche Zuwendungen selbst mit Zustimmung des bedachten Ehegatten nicht gemeinschaftlich gemacht werden können.[1])
5. Lehen, Fideikommisse und alle Sachen und Rechte, welche ihrer Natur nach nicht gemeinschaftlich werden können.[2])

b.

Rechte der Ehegatten.

§ 22.

I. Der Ehemann verwaltet das gemeinschaftliche Vermögen; er vertritt dasselbe gerichtlich und außergerichtlich.[3])

---

[1]) Landr. S. 166 §§ 2, 3; Comm. S. 146, 147, 148; Weber §§ 328, 329, 330, 334, 351; Spies § 63 S. 58; Roth, Bd. I S. 458 A. 5.

[2]) Landr. S. 183 § 17; Comm. S. 169; Weber §§ 334, 352, 353; Spies § 63 S. 58; Roth Bd. I S. 458.

[3]) Landr. S. 184 § 2; Comm. S. 170, 171; Weber §§ 359, 360, 361; Spies § 73 S. 64; Slg. Bd. VII S. 643; Bl. f. RA. Bd. 42 S. 218; Seuff Archiv Bd. XXVI S. 117; Roth Bd. I S. 460, 464.

Bei dauernder Verhinderung des Ehemannes steht die Verwaltung des gemeinschaftlichen Vermögens der Ehefrau zu.[1])

Bei der Verwaltung des gemeinschaftlichen Vermögens ist der Ehemann vielfach an die Zustimmung der Ehefrau gebunden. Rechtshandlungen, welche der Ehemann ohne Zustimmung der Ehefrau vornimmt, sind theils anfechtbar, theils nichtig.

1. Anfechtbar sind:

a) wenn der Ehemann Schenkungen macht, welche das standes- und ortsübliche Maß übersteigen oder wenn er sonstige Handlungen vornimmt, welche einer Schenkung gleichkommen z. B. wenn er einen namhaften rechtmäßigen Vermögensvortheil, den er für die Gemeinschaft machen kann, von sich weist;[2])

b) wenn er eine unbewegliche Sache gegen eine bewegliche vertauscht;

c) wenn der Ehemann eine unbewegliche Sache verkauft, ohne mit dem Erlös sofort eine andere unbewegliche Sache anzuschaffen;

d) wenn er sich in ungewisse und gefährliche Geschäfte einläßt.

Als solche Geschäfte gelten besonders jene,

---

[1]) Slg. Bd. XV S. 335; Bl. f. RA. 7. Erg. Bd. S. 165.

[2]) Landr. S. 185 § 3; Comm. S. 171; Weber §§ 365, 366; Spies § 74 S. 64, 65; Roth Bd. I S. 460 A. 16, S. 464.

zu denen er weder erzogen ist, noch hinlängliche Kenntnisse und Fähigkeiten besitzt.[1])

Nimmt der Ehemann eines der unter a—d bezeichneten Rechtsgeschäfte ohne Zustimmung der Ehefrau vor, so muß dieselbe binnen 4 Wochen, nachdem sie von dem Geschäfte Kenntniß erlangt hat, auf Aufhebung desselben klagen oder ihren Widerspruch auf eine sonst erweisliche Art erklären, widrigenfalls das Rechtsgeschäft von ihr wegen mangelnder Zustimmung nicht mehr angefochten werden kann.[2])

Die Klage auf Aufhebung ist im allgemeinen Gerichtsstand des Ehemannes zu erheben und gegen beide Vertragstheile zu richten.[3])

Hat der Ehemann wegen eines Rechtsgeschäftes, das infolge Widerspruchs der Ehefrau

---

[1]) Landr. S. 185 § 4; Comm. S. 172; Weber §§ 367, 368; Spies § 74 S. 65; E. d. Handelsapp. G. Bd. I S. 371; Roth Bd. I S. 464. Ueber den Begriff der „ungewissen und gefährlichen Geschäfte" s. Bl. f. RA. Bd. 32 S. 142. In Bl. f. RA. Bd. 27 S. 142, Roth Bd. I S. 481 sind als „ungewisse und gefährliche Geschäfte" alle jene bezeichnet, bei denen nach richterlichem Ermessen ein Vermögensverlust zu befürchten ist.

[2]) Landr. S. 186 §§ 5, 6; Comm. S. 172; Weber §§ 384, 385, 386, 387; Spies § 75 S. 66; Slg. Bd. VI S. 734; Bd. XV S. 620; Bl. f. RA. Bd. XIV S. 317; Bd. 37 S. 113; Bd. 42 S. 218; Roth Bd. I S. 464.

[3]) Bl. f. RA. Bd. 27 S. 252; Bd. 60 S. 392; Bd. 47 S. 416. In den Bl. f. RA. Bd. 42 S. 126, 239, Bd. 58 S. 251 ff. ist die Ansicht vertreten, daß die Klage nur gegen den Mitkontrahenten des Ehemannes zu richten sei.

verhindert oder wieder aufgehoben wurde, dem anderen Vertragstheil Schadensersatz zu leisten, so kann zur Leistung dieses Ersatzes das gemeinschaftliche Vermögen ohne Zustimmung der Ehefrau nur soweit herangezogen werden, als dem gemeinschaftlichen Vermögen durch das Rechtsgeschäft ein erweislicher Nutzen erwachsen ist.[1])

Die unter b, c, d bezeichneten Rechtsgeschäfte kann der Ehemann auch ohne Zustimmung der Ehefrau vornehmen, wenn sie zum offenbaren Nutzen des gemeinschaftlichen Vermögens sind.[2])

Der Ehemann kann seinem Mitkontrahenten gegenüber nicht geltend machen, daß das Rechtsgeschäft Mangels der erforderlichen Zustimmung der Ehefrau anfechtbar sei.[3])

Die noch nicht vollzogenen Rechtsgeschäfte, welche der Ehemann mit der erforderlichen Zustimmung der Ehefrau abgeschlossen hat, kann derselbe mit Zustimmung des anderen Vertragstheiles und ohne Zustimmung der Ehefrau wieder aufheben.[4])

---

[1]) Landr. S. 186 § 7; Comm. S. 172, 173; Weber §§ 389, 390; Spies § 85 S. 71.

[2]) Landr. S. 187 § 8; Comm. S. 173; Weber §§ 379, 380; Spies § 74 S. 65.

[3]) Ztschr. f. Gesetzg. u. R. Bd. XIII S. 179.

[4]) Landr. S. 187 § 9; Comm. S. 174; Weber § 379, 380; Spies § 79 S. 67.

2. Nichtig sind:
a) Die Verpfändung von Immobilien;[1])
b) Die Bürgschaft, die Schuldübernahme, die Solidarhaftung, wenn der Ehemann diese Rechtsverhältnisse für Jemand eingeht, mit dem er nicht als Kaufmann oder Gewerbtreibender im geschäftlichen Verkehr steht.[2])

Bei einer giltigen Bürgschaft, Schuldübernahme, oder Solidarhaftung kann sich die Ehefrau des Bürgen bezw. Schuldners ebenso wie dieser selbst und unabhängig von demselben der dem Bürgen bezw. Schuldner zustehenden Befugnisse bedienen.[3])

c) Die Gutsübergabe.[4])

Wird die allgemeine Gütergemeinschaft unter der aufschiebenden Bedingung eingegangen, daß die Ehe Jahr und Tag gedauert hat, so bleiben die Rechtsgeschäfte, welche der Ehemann ohne die beim Güter-

---

[1]) Landr. S. 190 § 18; Comm. S. 179; Weber §§ 369, 370, 371, 372; Bl. f. RA. Bd. 15 S. 313; Roth, Bd. I S. 464.

[2]) Landr. S. 187, 188 §§ 11, 12; Comm. S. 176; Weber §§ 373—377; Spies § 74 S. 65; Bl. f. RA. 3. Erg. Bd. S. 73; 9. Erg. Bd. S. 340 ff; Bd. 23 S. 284; Bd. 43 S. 286; Slg. Bd. 4 S. 188, 525; Bd. 7 S. 372; Bd. 9 S. 418; Bd. 10 S. 578; E. d. RG. i. C. S. Bd. 24 S. 38; Roth Bd. I S. 461.

[3]) Landr. S. 189 § 15; Comm. S. 178; Weber § 378; Spies § 76 S. 67.

[4]) Landr. S. 68 § 5; Comm. S. 44, 45; Weber §§ 153, 363, 364; Spies § 41 S. 101; Bl. f. RA. Bd. 14 S. 316; Roth Bd. I S. 464.

stand der allgemeinen Gütergemeinschaft erforderliche Zustimmung der Ehefrau während des Zeitraums von Jahr und Tag abschließt, giltig, wenn innerhalb des Zeitraums von Jahr und Tag ein Ehetheil stirbt; wenn beide Ehegatten diesen Zeitraum überleben, so sind sie wegen mangelnder Zustimmung der Ehefrau nichtig bezw. anfechtbar. Die Ehefrau braucht den Vollzug dieser Rechtsgeschäfte, soweit derselbe innerhalb Jahr und Tag erfolgen soll und ihr eigenes, oder das nach Ablauf von Jahr und Tag zur gemeinschaftlichen Masse gehörige Vermögen ihres Ehemannes betrifft, nur gegen Sicherheitsleistung zu gestatten.[1])

II. Ist ein Ehegatte durch die in erheblichem Maße unrichtigen Angaben, welche ihm der andere Ehegatte bezüglich seines Vermögens- und Schuldenstandes wissentlich machte, veranlaßt worden, den Güterstand der allgemeinen Gütergemeinschaft zu wählen, so kann der betrogene Ehegatte Ersatz verlangen in der Höhe des Betrags, um welchen der andere Ehegatte seinen Vermögens- oder Schuldenstand unrichtig angegeben hat. Dieser Ersatz wird Sondervermögen des betrogenen Ehegatten.

Ist der wieder heirathende Ehegatte durch die in erheblichem Maße unrichtigen Angaben, welche

---

[1]) Landr. S. 173 § 19; Comm. S. 155; Weber §§ 394, 395, 424, 425; Spies § 74 S. 64.

ihm der andere Ehegatte bezüglich seines Vermögens- und Schuldenstandes wissentlich oder unwissentlich machte, veranlaßt worden, den Güterstand der allgemeinen Gütergemeinschaft zu wählen und seine erstehelichen Kinder vollkommen einzukindschaften, so kann sowohl er selbst als auch seine eingekindschafteten Kinder Ersatz verlangen in der Höhe des Betrags, um welchen der andere Ehegatte seinen Vermögens- oder Schuldenstand unrichtig angegeben hat. Dieser Ersatz wird gemeinschaftliches Sondervermögen des wieder heirathenden Ehegatten und seiner erstehelichen Kinder.

Für den Ersatz haften der Reihe nach:

1. das gegenwärtige gemeinschaftliche Vermögen, soweit es vom betrogenen Ehegatten stammt;
2. das gegenwärtige und künftige gemeinschaftliche Vermögen, soweit es vom betrügenden Ehegatten stammt;
3. das künftige gemeinschaftliche Vermögen, soweit es vom betrogenen Ehegatten stammt.[1])

Wird dieser Ersatz unter den Eheleuten vertragsmäßig festgesetzt, so hat ein solcher Vertrag gegenüber den Gläubigern der Eheleute nur dann Rechtswirksamkeit, wenn er notariell errichtet ist.[2])

---

[1]) Landr. S. 193, 194 §§ 1, 2, 3; S. 280, 281 §§ 1, 2, 3, 4; S. 281, 282 §§ 6, 7; Comm. S. 187, 188, 323, 324, 325, 326; Weber §§ 506, 507, 512, 513, 854, 855, 856, 857, 858; Spies § 87 S. 71, § 90 S. 73, 74, § 89 S. 73.

[2]) Landr. S. 195 § 4; Comm. S. 188; Weber §§ 508, 509.

Die Klage auf diesen Ersatz muß erhoben werden

1. wenn die allgemeine Gütergemeinschaft durch Vertrag eingeführt wurde,
   a) binnen Jahr und Tag von Einführung der allgemeinen Gütergemeinschaft an, wenn der betrügerische Ehegatte sein Aktivvermögen unrichtig angegeben hat;
   b) binnen 3 Monaten von dem Zeitpunkte an, in welchem der betrogene Ehegatte oder dessen eingekindschaftete erstehelichе Kinder von dem Betruge Kenntniß erlangt haben, wenn der andere Ehegatte seine Schulden unrichtig angegeben hat;
2. wenn die allgemeine Gütergemeinschaft stillschweigend eingetreten ist, binnen drei Monaten von dem Zeitpunkte an, in welchem der betrogene Ehegatte von dem Betruge Kenntniß erlangt hat.

Die Klage auf Ersatz ist nach geschehener Grundtheilung unzulässig.[1])

Wird durch die Leistung dieses Ersatzes das Vermögen des ersatzpflichtigen Ehegatten gänzlich oder bis auf Weniges aufgezehrt, oder über dasselbe der Konkurs eröffnet, so kann der andere Ehegatte Aufhebung der allgemeinen Gütergemeinschaft und

---

[1]) Landr. S. 195 § 5; S. 282, 283 §§ 9, 10; Comm. S. 189, 327; Weber §§ 510, 511, 859, 860; Spies § 88 S. 72, § 89 S. 73.

Einkindschaft verlangen.[1]) Infolge dieser Aufhebung der allgemeinen Gütergemeinschaft und Einkindschaft wird die Sache in den Stand vor Einführung der allgemeinen Gütergemeinschaft zurückversetzt.[2])

Ist die Ehefrau der betrogene Theil, so dürfen Schenkungen, welche der Ehemann inzwischen mit ihrer Zustimmung gemacht hat, nur mit ihrer Zustimmung vollzogen werden, wenn durch den Vollzug ihr Sondervermögen verkürzt würde.[3])

Ist die Ehefrau der betrogene Theil, so kann sie, wenn aus einer Schuldübernahme, Bürgschaft, oder Solidarhaftung ihr Sondervermögen angegriffen wurde, vom Ehemann Ersatz verlangen, für welchen Ersatz der Reihe nach haften

1. das Sondervermögen des Ehemannes;
2. das gegenwärtige oder künftige gemeinschaftliche Vermögen, soweit es vom Ehemanne stammt.[4])

Ist der Ehemann der betrogene Theil, so kann er für das, was er aus seinem Sondervermögen inzwischen verwenden mußte, Ersatz verlangen,

---

[1]) Landr. S. 283 § 11; Comm. S. 327; Weber § 860; Spies § 100 S. 80; Roth Bd. I S. 472 A. 5.

[2]) Landr. S. 283 § 12; Comm. S. 327; Weber § 861; Spies § 100 S. 80.

[3]) Landr. S. 196 § 8; Comm. S. 190; Weber §§ 517, 518; Spies § 90 S. 74.

[4]) Landr. S. 197 § 9; Comm. S. 190, 191, 192; Weber §§ 517, 518, 519; Spies § 90 S. 74.

welcher Ersatz in erster Linie aus dem gemeinschaftlichen Vermögen und beim Mangel eines solchen aus dem gegenwärtigen oder künftigen Sondervermögen der Ehefrau zu leisten ist.[1])

III. Wird ein Ehegatte wegen Verschwendung entmündigt, und der andere Ehegatte als Vormund desselben bestellt, so findet keine Rechnungsstellung statt.[2])

Wird der Ehemann entmündigt und die Ehefrau als Vormund bestellt, so stehen dem entmündigten Ehemanne bezüglich der Zustimmung zu den Rechtsgeschäften der Ehefrau dieselben Befugnisse zu, welche der Ehefrau gegenüber dem Ehemanne zustehen, wenn dieser die Verwaltung des gemeinschaftlichen Vermögens hat.[3]) Sind Kinder vorhanden, so stehen auch diesen bezüglich der Zustimmung zu den Rechtsgeschäften ihrer Mutter dieselben Befugnisse zu, wie ihrem entmündigten Vater.[4])

---

[1]) Landr. S. 197 § 10; Comm. S. 192, 193; Weber §§ 520, 521; Spies § 91 S. 74.

[2]) Landr. S. 121 § 23; Comm. S. 97; Weber §§ 1129, 1130, 1131, 80; Spies § 17 S. 26.

[3]) Landr. S. 204 § 28; Comm. S. 209; Weber §§ 430, 432; Spies § 78 S. 67.

[4]) Landr. S. 205 § 29; Comm. S. 209; Weber §§ 430, 433, 434; Spies § 78 S. 67.

c.

Schuldenhaftung.

α.

Im Allgemeinen.

§ 23.

Regel ist, daß die sämmtlichen ehelichen und vorehelichen Schulden der Eheleute gemeinschaftlich werden.[1])

Für die vor Eintritt der allgemeinen Gütergemeinschaft entstandenen Schulden der Ehegatten haften der Reihe nach:

1. das gemeinschaftliche Vermögen;
2. das Sondervermögen des schuldnerischen Ehegatten.[2])

Für die nach Eintritt der allgemeinen Gütergemeinschaft entstandenen Schulden der Ehegatten haften der Reihe nach:

1. das gemeinschaftliche Vermögen;
2. das Sondervermögen des Ehemannes.[3])

Für Schulden, welche die Ehefrau während der

---

[1]) Landr. S. 168 § 8; Comm. S. 150, 151; Weber § 397; Spies § 80 S. 68; Slg. Bd. VII S. 642; Roth Bd. I. S. 466.

[2]) Landr. S. 179 § 6; Comm. S. 162; Weber §§ 414, 515, 516; Spies § 80 S. 68; Landr. S. 196 § 7; Comm. S. 189, 190; Roth Bd. I S. 468 A. 80, S. 469; Landr. S. 214 § 9.

[3]) Landr. S. 179 § 5; Comm. S. 162; Weber § 413; Slg. Bd. VI S. 735; Roth Bd. I S. 468, 469.

Ehe unter Ueberschreitung ihrer Befugnisse macht, haftet ausschließlich deren Sondervermögen.[1])

Aus einer giltigen Bürgschaft, Schuldübernahme oder Solidarhaftung des Ehemannes haften der Reihe nach:

1. das Sondervermögen des Ehemannes,
2. das gemeinschaftliche Vermögen,
3. das Sondervermögen der Ehefrau.[2])

Wird die allgemeine Gütergemeinschaft mit gegenseitiger Einwilligung der Eheleute aufgehoben, so besteht die Haftung für die bisherigen und künftigen Schulden der Eheleute fort, wie wenn die allgemeine Gütergemeinschaft noch bestehen würde, wenn nicht bei Aufhebung der allgemeinen Gütergemeinschaft die gemeinschaftlichen Schulden weggefertigt werden und die Aufhebung öffentlich bekannt gemacht wird.[3])

Eheleute, die nicht bereits in allgemeiner Gütergemeinschaft leben, und welche in das Gebiet des Landrechts ziehen, oder dahin zurückkehren, werden bezüglich der Haftung für ihre bisherigen und künf-

---

[1]) Landr. S. 172 § 16; S. 179 § 5; S. 196 § 7; S. 214 § 9; S. 216 § 13; Comm. S. 154, 189, 190; Weber § 419, 515, 516, 413; Spies § 80 S. 68, § 86 S. 71; Slg. Bd. VI S. 735; Bl. f. RA. Bd. 42 S. 218; Roth Bd. I S. 468, 469.

[2]) Landr. S. 197 § 9; Comm. S. 190—192; Weber §§ 517, 518, 519.

[3]) Landr. S. 199, 200 §§ 14, 15, 16; Comm. S. 193—196; Weber §§ 471, 474—478; Spies § 98 S. 78, 79; Slg. Bd. IV S. 305; Bl. f. RA. Bd. XXII S. 32.

tigen Schulden als in allgemeiner Gütergemeinschaft lebend betrachtet, wenn sie nicht sogleich nach der Niederlassung in dem erwähnten Rechtsgebiete bezüglich ihres ehelichen Güterstandes eine notarielle Erklärung abgeben und dieselbe öffentlich bekannt machen. Im Uebrigen bleibt es bei dem bisherigen ehelichen Güterstand.[1])

Ueber die Schuldenhaftung im Falle des Widerrufs der Reklamation s. oben § 17 a. Ende.

β.

Deliktsschulden.

§ 24.

I. Deliktsschulden sind Geldstrafen, Ersatzansprüche und Kosten, welche auf Grund einer strafbaren Handlung zu leisten sind.

II. Schulden aus einem vor Eintritt der allgemeinen Gütergemeinschaft begangenen Delikte:

Für diese haften der Reihe nach:

1. das Sondervermögen des schuldnerischen Ehegatten;
2. das gemeinschaftliche Vermögen, soweit dasselbe vom schuldnerischen Ehegatten stammt.

Der andere Ehegatte kann wegen des Entgangs, der dadurch dem gemeinschaftlichen Vermögen zugeht, keinen Ersatz verlangen.[2])

---

[1]) siehe oben § 4.

[2]) Landr. S. 176 § 24; Comm. S. 158, 159, 160; Weber §§ 436, 437, 438, 439.

Zahlt der andere Ehegatte diese Schulden aus seinem Sondervermögen, so hat ihm der schuldnerische Ehegatte Ersatz zu leisten, wenn bei der Zahlung der Ersatz vorbehalten wurde und der schuldnerische Ehegatte ein schriftliches Schuldbekenntniß ausgestellt hat. Für diesen Ersatz haften der Reihe nach:

1. das Sondervermögen des schuldnerischen Ehegatten;
2. das gemeinschaftliche Vermögen, soweit es vom schuldnerischen Ehegatten stammt.[1])

Werden diese Schulden aus gemeinschaftlichem Vermögen bezahlt, so hat der schuldnerische Ehegatte an das gemeinschaftliche Vermögen Ersatz zu leisten, wenn sich der andere Ehegatte bei der Zahlung den Ersatz vorbehalten hat, und sich ein schriftliches Schuldbekenntniß hat ausstellen lassen. Für diesen Ersatz haftet das, was dem schuldnerischen Ehegatten von einem Dritten als Alleineigenthum zugewendet wird.[2])

Wird die gegen einen Ehegatten wegen eines vor Eintritt der allgemeinen Gütergemeinschaft begangenen Deliktes erkannte Freiheitsstrafe nach Eintritt der allgemeinen Gütergemeinschaft in eine Geldstrafe umgewandelt, so kann dieselbe nur mit Zustimmung des anderen Ehegatten

---

[1]) Landr. S. 177 § 25; Comm. S. 160; Spies § 84 S. 70.
[2]) Landr. S. 177 § 25; Comm. S. 160; Spies § 84 S. 70.

aus dem gemeinschaftlichen Vermögen bezahlt werden.[1])

III. Schulden aus einem nach Eintritt der allgemeinen Gütergemeinschaft begangenen Delikte:

Für diese haften der Reihe nach:

1. das Sondervermögen des schuldnerischen Ehegatten;

2. das gemeinschaftliche Vermögen.

Die Zahlung der Geldstrafen aus dem gemeinschaftlichen Vermögen kann aber nur mit Zustimmung des anderen Ehegatten erfolgen.[2])

Erfolgt die Zahlung dieser Schulden aus dem gemeinschaftlichen Vermögen, so hat der schuldnerische Ehegatte aus seinem gegenwärtigen oder künftigen Sondervermögen an die gemeinschaftliche Masse Ersatz zu leisten, wenn sich der andere Ehegatte bei der Zahlung diesen Ersatz vorbehalten hat.[3])

Bei einer allenfallsigen Theilung des gemeinschaftlichen Vermögens hat der schuldige Ehegatte

---

[1]) Landr. S. 176 § 24; Comm. S. 158, 159, 160; Weber §§ 436, 437, 438, 439; Spies § 84 S. 70.

[2]) Landr. S. 191 § 20; S. 193 § 25; Comm. S. 179—182; 186; Weber §§ 440—446; Spies § 84 S. 70, 71; § 80 S. 68.

[3]) Landr. S. 191 § 21; S. 193 § 25; Comm. S. 182, 186; Weber §§ 440, 443—447; Spies § 84 S. 70, 71; § 80 S. 68.

diese Deliktsschulden auf den ihn treffenden Vermögenstheil zu übernehmen.[1])

Erfolgt die Theilung des gemeinschaftlichen Vermögens erst nach Ableben des schuldnerischen Ehegatten, so haben die Kinder diese Deliktsschulden des verstorbenen Ehegatten auf die sie treffenden Theile zu übernehmen.[2])

γ.

Ausschließung von Schulden.

§ 25.

1. Gegen die vor Eintritt der allgemeinen Gütergemeinschaft vorhandenen Schulden eines Ehegatten kann sich der andere Ehegatte schützen
   a) dadurch, daß diese Schulden von der allgemeinen Gütergemeinschaft ausgeschlossen werden;
   b) dadurch, daß er sich von seinem Vermögen so viel als Sondervermögen vorbehält, als die vorehelichen Schulden betragen.[3])

---

[1]) Landr. S. 191, 192, 193 §§ 22, 23, 25; Comm. S. 182, 183, 184, 186; Weber §§ 490, 491, 537, 538, 680, 681, 775.

[2]) Landr. S. 192 § 24; S. 193 § 25; Comm. S. 184—187; Weber §§ 682, 683; Spies § 84 S. 70.

[3]) Landr. S. 169 § 11; Comm. S. 152; Weber §§ 401, 402, 403, 404; Spies § 83 S. 69.

Diese Maßnahmen können nur im Ehevertrag getroffen werden.[1])

2. Für die von der allgemeinen Gütergemeinschaft ausgeschlossenen Schulden haften der Reihe nach

a) das Sondervermögen des schuldnerischen Ehegatten;

b) das gemeinschaftliche Vermögen, soweit dasselbe vom schuldnerischen Ehegatten herrührt.

Der andere Ehegatte kann wegen des Entgangs, der dadurch dem gemeinschaftlichen Vermögen zugeht, keinen Ersatz verlangen.[2])

3. Werden die von der allgemeinen Gütergemeinschaft ausgeschlossenen Schulden eines Ehegatten durch den anderen Ehegatten aus dessen Sondervermögen bezahlt, so hat der schuldnerische Ehegatte Ersatz zu leisten, wenn sich der zahlende Ehegatte bei der Zahlung den Ersatz vorbehalten hat und sich ein schriftliches Schuldbekenntniß hat ausstellen lassen. Für diesen Ersatz haften der Reihe nach

a) das Sondervermögen des schuldnerischen Ehegatten;

---

[1]) Landr. S. 170 § 12; Comm. S. 153; Weber §§ 402, 405, 406, 407, 408; Spies § 83 S. 69.

[2]) Landr. S. 170 § 13; Comm. S. 153; Weber §§ 409, 410; Spies § 83 S. 70.

b) das gemeinschaftliche Vermögen, soweit dasselbe vom schuldnerischen Ehegatten herrührt.[1])

4. Werden die von der allgemeinen Gütergemeinschaft ausgeschlossenen Schulden eines Ehegatten aus dem gemeinschaftlichen Vermögen bezahlt, so hat der schuldnerische Ehegatte an das gemeinschaftliche Vermögen Ersatz zu leisten, wenn sich der andere Ehegatte bei der Zahlung den Ersatz vorbehalten hat und sich ein schriftliches Schuldbekenntniß hat ausstellen lassen. Für diesen Ersatz haftet das, was dem schuldnerischen Ehegatten von einem Dritten als Alleineigenthum zugewendet wird.[2])

5. Schulden, welche die Ehefrau während der Ehe, aber vor Eintritt der allgemeinen Gütergemeinschaft innerhalb ihrer Befugnisse gemacht hat, können von der allgemeinen Gütergemeinschaft nicht ausgeschlossen werden.[3])

6. Wird die allgemeine Gütergemeinschaft unter der aufschiebenden Bedingung eingegangen, daß die Ehe Jahr und Tag gedauert hat, so können von der allgemeinen Gütergemeinschaft nur folgende Schulden ausgeschlossen werden:

a) die vorehelichen Schulden der beiden Ehegatten;

---

[1]) Landr. S. 171 § 14; Comm. S. 154; Weber §§ 415, 416; Spies § 84 S. 70.

[2]) Landr. S. 172 § 15; Comm. S. 154; Weber §§ 417, 418; Spies § 84 S. 71.

[3]) Landr. S. 172 § 17; Comm. S. 154; Weber § 420.

b) die Schulden, welche der Ehemann durch die vor Ablauf von Jahr und Tag abgeschlossenen Rechtsgeschäfte gemacht hat, zu welchen bei der allgemeinen Gütergemeinschaft die Zustimmung der Ehefrau erforderlich ist.[1])

7. Wird die allgemeine Gütergemeinschaft unter der auflösenden Bedingung eingegangen, daß sie wieder aufgehoben sein soll, wenn lebende Kinder in der Ehe nicht geboren werden, so können nur die vorehelichen Schulden der beiden Ehegatten von der allgemeinen Gütergemeinschaft ausgeschlossen werden.[2])

d.

Letztwillige Verfügung.

§ 26.

I. Ueber sein Sondervermögen kann jeder der beiden Ehegatten unter Lebenden und von Todeswegen frei verfügen.[3])

Keiner der beiden Ehegatten ist befugt, ohne Zustimmung des anderen Ehegatten über irgend einen Theil des gemeinschaftlichen Vermögens letzt-

---

[1]) Landr. S. 174 § 20; Comm. S. 156; Weber §§ 412, 422, 423; Spies § 83 S. 70.

[2]) Landr. S. 175 § 21; Comm. S. 156; Weber § 426.

[3]) Landr. S. 180 § 8; Comm. S. 163; Weber § 346; Spies § 72 S. 64; Landr. S. 183 § 16; Comm. S. 169.

willig zu verfügen.[1]) Diese Bestimmung des Landrechts beweist, daß die allgemeine Gütergemeinschaft ein Gesammteigenthum (condominium in solidum) ist, nicht ein Miteigenthum (condominium pro indiviso.)[2])

Eheleute, welche in allgemeiner Gütergemeinschaft leben, sind bei Errichtung einer letztwilligen Verfügung über das gemeinschaftliche Vermögen an das Pflichttheilsrecht der Ascendenten nicht gebunden.[3])

Soweit auf Grund des Güterstands der allgemeinen Gütergemeinschaft das gemeinschaftliche Vermögen den unabgetheilten, insbesondere den (vollkommen oder unvollkommen) eingekindschafteten Kindern als Pflichttheil gebührt, ist den Eltern die Befugniß, letztwillig über dasselbe zu verfügen, entzogen; in der letztwilligen Verfügung über den Rest des gemeinschaftlichen Vermögens sind sie beschränkt, indem sie Jemandem, der nicht zu ihren unabgetheilten leiblichen Kindern zählt, nur die Hälfte dieses Restes zuwenden können, soweit die Eltern nicht etwas Anderes vereinbart haben.

---

¹) Landr. S. 184 § 1; Comm. S. 170; Weber § 457; Spies § 72 S. 63; Slg. Bd. V S. 543 ff.; VI S. 639, 640; Roth Bd. I S. 471 A. 95; S. 525; Bd. III S. 466, 223 A. 33.

²) s. oben § 15.

³) Landr. S. 206 § 2; S. 141 § 12; Comm. S. 210—212; Weber §§ 126, 571, 576—579; Spies § 106 S. 84, § 11 S. 158. S. unten § 68.

Diese Vorschrift bezüglich der letztwilligen Verfügung gilt während der Dauer der Ehe für beide Ehegatten, und auf Ableben des einen Ehegatten für den überlebenden.[1])

II. Der Pflichttheil der Descendenten beträgt:

bei 1 Kind die Hälfte,
bei 2 Kindern zwei Drittel,
bei 3 Kindern drei Viertel,
bei 4 Kindern vier Fünftel, u. s. w.

des gemeinschaftlichen Vermögens der Eltern.[2])

Im Ehevertrag kann aber vereinbart werden, daß der Pflichttheil der Descendenten auch bei mehr als zwei Kindern nur zwei Drittel des gemeinschaftlichen Vermögens der Eltern betragen soll.[3])

Die Eheleute können durch letztwillige Verfügung oder Grundtheilung nur mit gegenseitiger

---

[1]) Landr. S. 82 §§ 8, 9, 14; S. 71 § 11; S. 316 § 3; S. 275 § 19; S. 277 §§ 2, 3; Comm. S. 54, 55, 56, 59; 381, 382; 307—311, 318, 370; Weber §§ 568, 569, 693, 996, 997, 998, 831, 832, 833, 838, 842, 850; Spies § 102 S. 81, § 3 S. 154, § 37 S. 126, § 72 S. 64, § 102 S. 81, § 56 S. 135, § 7 S. 156; Slg. Bd. XV S. 223; Roth Bd. I S. 567 A. 43; Bd. III S. 525, 528, 225 A. 48; S. 466; Fick S. 188.

[2]) Landr. S. 80 §§ 4, 5, 6; Comm. S. 51; Weber §§ 453, 464, 465; Spies § 102 S. 81, § 36 S. 124, § 3 S. 153; Fick S. 188.

[3]) Landr. S. 80, 81 §§ 4—7; Comm. S. 51, 52, 53, 54; Weber §§ 454, 456; Spies § 36 S. 124, § 3 S. 153, § 102 S. 81; Fick S. 188.

Einwilligung einen ihrer Descendenten zur Strafe enterben.[1])

e.

Aufhebung der allgemeinen Gütergemeinschaft.

§ 27.

Die Ehegatten können die allgemeine Gütergemeinschaft mit gegenseitiger Uebereinstimmung aufheben.[2]) Werden hiebei die gemeinschaftlichen Schulden nicht weggefertigt, und wird die Aufhebung nicht öffentlich bekannt gemacht, so besteht die Haftung der Eheleute für ihre bisherigen und künftigen Schulden fort, wie wenn die allgemeine Gütergemeinschaft noch bestehen würde.[3])

Ansprüche des einen Ehegatten an den anderen sind bei Aufhebung der allgemeinen Gütergemeinschaft geltend zu machen; ebenso der Anspruch des Ehemannes auf das Heirathgut der Ehefrau. Nach Aufhebung der allgemeinen Gütergemeinschaft können diese Ansprüche nicht mehr geltend gemacht werden.[4])

---

[1]) Landr. S. 85 § 3; S. 87 § 8; Comm. S. 59 ff., S. 64, 65; Weber §§ 459, 460, 461, 462, 120; Spies § 18 S. 160, § 15 S. 159.

[2]) Landr. S. 198 § 11; Weber § 469; Spies § 96 S. 76; § 98 S. 77; Slg. Bd. V S. 543 ff.

[3]) Landr. S. 199, 200 §§ 14, 15, 16; Comm. S. 193—196; Weber §§ 471, 474—478; Spies § 98 S. 78, 79; Slg. Bd. IV S. 116, 305; Bl. f. RA. Bd. 22 S. 32; Roth Bd. I S. 472 A. 1.

[4]) Landr. S. 198, 199 §§ 12, 13; Comm. S. 193; Weber §§ 472, 473; Spies § 98 S. 78, 79; § 24 S. 40.

Wenn vollkommen eingekindschaftete Kinder vorhanden sind, so kann die allgemeine Gütergemeinschaft nur mit deren Zustimmung aufgehoben werden.[1])

Durch faktische Trennung der Eheleute wird die allgemeine Gütergemeinschaft nicht aufgehoben.[2])

Wird ein Ehegatte wegen Verschwendung entmündigt, so ist der andere Ehegatte nicht befugt, Aufhebung der allgemeinen Gütergemeinschaft zu verlangen.[3])

Wird die allgemeine Gütergemeinschaft unter der Resolutivbedingung eingegangen, daß sie wieder aufgehoben sein soll, wenn lebende Kinder nicht geboren werden, so erlischt die allgemeine Gütergemeinschaft beim Eintritt der Bedingung.[4])

Ueber einen weiteren, wohl höchst selten zur Anwendung kommenden Aufhebungsgrund siehe § 22 Z. II.

Infolge Aufhebung der allgemeinen Gütergemeinschaft wird die Sache zurückversetzt in den Stand vor Einführung der allgemeinen Gütergemeinschaft, wenn die Eheleute nicht etwas Anderes vereinbaren.[5])

---

[1]) Landr. S. 302 § 16; Weber § 893; Spies § 98 S. 78.

[2]) Landr. S. 202 § 22; Comm. S. 203, 204; Weber §§ 503, 504; Spies § 96 S. 77.

[3]) Landr. S. 204 § 27; S. 306 § 11; Comm. S. 206—209, S. 363; Weber §§ 429, 430, 431, 505, 936; Spies § 96 S. 77.

[4]) Landr. S. 149 § 12; S. 175 §§ 21, 22, 23; Comm. S. 125, 156, 157, 158. Weber §§ 273, 274, 396; Spies § 11 S. 36, § 65 S. 60, 61.

[5]) Landr. S. 283 § 12; Comm. S. 327; Weber § 861; Spies § 100 S. 80.

4.

Rechtsverhältniß nach Auflösung der Ehe.

a.

Tod des einen Ehegatten.

α.

Unbeerbte Ehe.

§ 28.

Bei unbeerbter Ehe[1]) vereinigt sich auf Ableben des einen Ehegatten das gemeinschaftliche Vermögen durch Consolidation, also ohne Erbgang, in der Person des überlebenden Ehegatten zum Alleineigenthum. Es unterbleibt daher bezüglich des gemeinschaftlichen Vermögens jede Verlassenschaftsverhandlung.

Dieß folgt aus der rechtlichen Natur der allgemeinen Gütergemeinschaft als eines Gesammteigenthums.[2])

Stirbt der Ehemann zuerst, so ist die überlebende Ehefrau an die Rechtsgeschäfte, welche der verstorbene Ehemann ohne ihre erforderliche Zustimmung abgeschlossen hat, soweit sie Mangels dieser Zustimmung noch nicht perfekt sind, nicht gebunden. Die Ehefrau

---

[1]) d. h. wenn keine Kinder aus der Ehe vorhanden sind.

[2]) Landr. S. 79 §§ 3—14; S. 211 § 1; Weber § 524 Spies § 103 S. 83; Slg. Bd. VI S. 638; Bd. VII S. 634; Bd. X S. 289 ff.; Bl. f. RA. Bd. 19 S. 147; Bd. 49 S. 188 ff.; Bd. 39 S. 391; Seuff. Archiv Bd. 18 S. 488, Bd. 21 S. 97; Bd. 34 S. 452; Roth Bd. I S. 479 A. 6.

muß aber binnen 4 Wochen, nachdem sie von den Rechtsgeschäften Kenntniß erlangt hat, auf Aufhebung derselben klagen oder ihren Widerspruch auf eine sonst erweisliche Art erklären, widrigenfalls die Rechtsgeschäfte von ihr wegen mangelnder Zustimmung nicht mehr angefochten werden können.[1])

Stirbt die Ehefrau zuerst, so werden die Rechtsgeschäfte, welche der Ehemann ohne die erforderliche Zustimmung der verstorbenen Ehefrau abgeschlossen hat, soweit sie noch nicht perfekt sind, perfekt.[2])

β.

Beerbte Ehe.

aa.

Begriff der fortgesetzten Gütergemeinschaft.

§ 29.

Bei beerbter Ehe[3]) „bleibt die eheliche Gütergemeinschaft" d. h. es besteht die allgemeine Gütergemeinschaft iu der Person des überlebenden Ehegatten als nunmehr alleinigen Trägers derselben fort. (fortgesetzte Gütergemeinschaft).[4])

---

[1]) Landr. S. 212 § 4; S. 217 § 16; Comm. S. 230; Weber §§ 527, 557; Spies § 103 S. 83.

[2]) Landr. S. 212 § 3; Comm. S. 219; Weber §§ 525, 526; Slg. Bd. VII S. 374; Bl. f. RA. Bd. 43 S. 287.

[3]) d. h. wenn Kinder aus der Ehe vorhanden sind.

[4]) Landr. S. 213 § 5; Comm. S. 220—226; Weber §§ 528—536; Spies § 102 S. 81, § 16 S. 113; Slg. Bd. 9 S. 297.

Das Wesen der fortgesetzten allgemeinen Gütergemeinschaft läßt sich in folgenden Sätzen ausdrücken:

a) Auf Ableben des einen Ehegatten vereinigt sich das gemeinschaftliche Vermögen durch Consolidation, also ohne Erbgang, in der Person des überlebenden Ehegatten zum Alleineigenthum; es unterbleibt daher bezüglich des gemeinschaftlichen Vermögens jede Verlassenschaftsverhandlung. Die Kinder sind bezüglich des gemeinschaftlichen Vermögens nicht Erben des verstorbenen Ehegatten, weil eine Erbschaft nicht gegeben ist;[1])

b) das gemeinschaftliche Vermögen der aufgelösten Ehe besteht bis zur künftigen Auseinandersetzung mit den Kindern als eigene Masse fort und behält die rechtliche Natur, welche ihm während der Ehe zukam;

c) der Erwerb des überlebenden Ehegatten während der Dauer des verwittweten Standes fällt dieser Masse zu, soweit dieser Erwerb auch während der Ehe gemeinschaftlich geworden wäre; das Gleiche gilt vom Verlust.

---

[1]) Landr. S. 79 ff. §§ 3—14; S. 213 §§ 6 ff.; Comm. S. 60 § 1; Slg. Bd. VII S. 634, 635, 651, Bd. X S. 289 ff.; Bl. f. RA. Bd. 19 S. 147; Bd. 39 S. 391; Bd. 44 S. 13; Bd. 49 S. 188; Seuff. Archiv Bd. 21 S. 97, Bd. 26 S. 117; Bd. 34 S. 452; Rosenkranz S. 63, 64 A. 5.

Erwerb und Verlust der Kinder wird nicht gemeinschaftlich, weil sie nicht Theilnehmer der fortgesetzten Gütergemeinschaft sind;[1])

d) der Pflichttheil der Kinder an diesem Vermögen wird nicht nach gemeinem Recht, sondern nach dem Güterstand der allgemeinen Gütergemeinschaft berechnet. Der Berechnung des Pflichttheils wird der Vermögensstand im Zeitpunkte der Zuwendung des Pflichttheils, nicht der Vermögensstand im Zeitpunkte der Auflösung der Ehe zu Grunde gelegt;

e) der überlebende Ehegatte ist in der Verfügung über das gemeinschaftliche Vermögen durch die Kinder beschränkt.

Angesichts dieses Rechtsverhältnisses kann man mit Recht sagen, daß die allgemeine Gütergemeinschaft fortbesteht oder daß der überlebende Ehegatte durch „fortgesetzte Gütergemeinschaft“ mit den Kindern verbunden bleibt. Man darf aber die „fortgesetzte allgemeine Gütergemeinschaft“ nicht so auffassen, als ob der überlebende Ehegatte die allgemeine Gütergemeinschaft mit den Kindern fortsetze, so daß die Kinder als Theilnehmer der allgemeinen Gütergemeinschaft erscheinen. Die Kinder werden auf Ableben des einen Ehegatten nicht Erben desselben, nicht Miteigenthümer des gemeinschaftlichen Vermögens, sondern dasselbe

---

[1]) Landr. S. 213 § 5; Roth Bd. I S. 480.

konsolidirt sich in der Person des überlebenden Ehegatten zum Alleineigenthum; es wird daher auch bezüglich der Immobilien der Besitztitel auf ihn als Alleineigenthümer berichtigt.

Nur die Ehegatten, nicht auch die Kinder, weder die leiblichen noch die eingekindschafteten, sind Genossen der allgemeinen Gütergemeinschaft. Stirbt daher ein Kind während der fortgesetzten allgemeinen Gütergemeinschaft, so gehört nicht etwa ein Antheil am gemeinschaftlichen Vermögen zum Rücklaß desselben; stirbt hingegen der überlebende Ehegatte während der fortgesetzten Gütergemeinschaft, so gehört das gesammte gemeinschaftliche Vermögen zum Nachlaß des Verstorbenen, eben weil er Alleineigenthümer desselben war.[1])

Die fortgesetzte Gütergemeinschaft tritt nicht ein, wenn die allgemeine Gütergemeinschaft auf dem Krankenbette eingegangen wird und der kranke Ehegatte an dieser Krankheit stirbt; in diesem Falle tritt die Erbfolge auf Grund des ehelichen Güterstandes ein, der

[1]) Landr. S. 79, 80 §§ 1, 3, 4, 5; S. 250 § 5; S. 316 § 3; S. 317 § 4; Comm. S. 381, 382, 200 a. E.; Weber §§ 978, 996, 997, 998, 999, 1000; Spies § 37 S. 126; Bl. f. RA. Bd. 25 S. 145 ff.; Bd. 32 S. 289; Roth Bd. I S. 482; Comm. S. 55: Sistema condominii filialis, quod olim contra parentes adeo in statu suae primae viduitatis stabiliri voluerat, postmodum per speciales constitutiones principum rursus eliminatum".

vor Einführung der allgemeinen Gütergemeinschaft bestanden hat.[1])

bb.

Rechtsverhältniß während der Dauer der fortgesetzten Gütergemeinschaft.

§ 30.

I. Rechtsgeschäfte des Ehemannes vor Auflösung der Ehe:

1. Hat der verstorbene Ehemann ohne die erforderliche Zustimmung der überlebenden Ehefrau Rechtsgeschäfte abgeschlossen, so ist letztere an diese Rechtsgeschäfte, soweit sie Mangels ihrer Zustimmung noch nicht perfekt sind, nicht gebunden. Die überlebende Ehefrau muß aber binnen 4 Wochen, nachdem sie von den Rechtsgeschäften Kenntniß erlangt hat, auf Aufhebung derselben klagen oder ihren Widerspruch auf eine sonst erweisliche Art erklären, widrigenfalls die Rechtsgeschäfte von ihr wegen mangelnder Zustimmung nicht mehr angefochten werden können.[2])

2. Hat der überlebende Ehemann ohne Zustimmung der verstorbenen Ehefrau, soweit eine solche Zustimmung erforderlich ist,

---

[1]) Landr. S. 141, 142 § 14; Comm. S. 118; Weber § 276; Spies § 57 S. 54; § 101 S. 81, § 11 S. 158.

[2]) Landr. S. 212 § 4; S. 217 § 16; Comm. S. 230; Weber §§ 527, 557; Spies § 103 S. 83, § 18 S. 114.

a) eine unbewegliche Sache gegen eine bewegliche vertauscht oder eine unbewegliche Sache veräußert, ohne mit dem Erlös sofort eine andere unbewegliche Sache anzuschaffen oder sich in ungewisse und gefährliche Geschäfte (§ 22 A. 4) eingelassen, so werden diese Rechtsgeschäfte auf Ableben der Ehefrau perfekt; hat aber die verstorbene Ehefrau bei Lebzeiten rechtzeitig Klage auf Aufhebung erhoben, so können die Kinder die Klage fortsetzen; hat die verstorbene Ehefrau bei Lebzeiten ihr Recht, Klage auf Aufhebung zu stellen, auf die Kinder übertragen, so können dieselben innerhalb der 4wöchigen Frist, welche der verstorbenen Ehefrau zur Erhebung der Klage zustand, selbständig Klage auf Aufhebung erheben;[1])

b) Schenkungen gemacht, welche das standes- und ortsübliche Maß übersteigen, oder sonstige Rechtshandlungen vorgenommen, welche einer Schenkung gleichkommen, z. B. einen namhaften, rechtmäßigen Vermögensvortheil, den er für die Gemeinschaft machen konnte, von sich gewiesen, so können die Kinder binnen 4 Wochen, nachdem sie von diesen Rechtsgeschäften Kenntniß erlangt haben, Klage auf Aufhebung erheben, es sei denn,

---

[1]) Landr. S. 213 § 6; Comm. S. 226—228; Weber §§ 543—545; Spies § 75 S. 66, § 20 S. 114.

α) daß die verstorbene Ehefrau von den Geschäften gewußt und die 4wöchige Frist hat verstreichen lassen;

β) daß sie den Kindern verboten hat, die Klage auf Aufhebung zu stellen.[1])

II. Rechtsgeschäfte des überlebenden Ehegatten nach Auflösung der Ehe:

Verschiedene Rechtsgeschäfte bezüglich des gemeinschaftlichen Vermögens kann der überlebende Ehegatte nur mit Zustimmung der Kinder vornehmen. Ohne Zustimmung der Kinder sind diese Rechtsgeschäfte entweder anfechtbar oder nichtig.

1. Anfechtbar sind:

a) wenn der überlebende Ehegatte Schenkungen macht, welche das standes- und ortsübliche Maß übersteigen, oder wenn er sonstige Rechtshandlungen vornimmt, welche einer Schenkung gleichkommen, z. B. wenn er einen namhaften rechtmäßigen Vermögensvorteil, den er für die Gemeinschaft machen kann, von sich weist;

b) wenn er sich in ungewisse und gefährliche Geschäfte einläßt. (§ 22 A. 4).

Nimmt der überlebende Ehegatte eines der unter a und b bezeichneten Rechtsgeschäfte ohne Zustimmung der Kinder vor, so müssen dieselben

---

[1]) Landr. S. 214 § 7; Comm. S. 228; Weber §§ 546, 547; Spies § 20 S. 115; Slg. Bd. VII S. 372.

binnen 4 Wochen, nachdem sie von den Geschäften Kenntniß erlangt haben, auf Aufhebung derselben klagen oder ihren Widerspruch auf eine sonst erweisliche Art erklären, widrigenfalls die Rechtsgeschäfte von ihnen wegen mangelnder Zustimmung nicht mehr angefochten werden können.

Hat der überlebende Ehegatte wegen eines Rechtsgeschäftes, das infolge Widerspruchs der Kinder verhindert oder wieder aufgehoben wurde, dem anderen Vertragstheil Schadensersatz zu leisten, so kann zur Leistung dieses Ersatzes das gemeinschaftliche Vermögen ohne Zustimmung der Kinder nur so weit herangezogen werden, als dem gemeinschaftlichen Vermögen durch das Rechtsgeschäft ein erweislicher Nutzen erwachsen ist.

Die unter b bezeichneten Rechtsgeschäfte kann der überlebende Ehegatte auch ohne Zustimmung der Kinder vornehmen, wenn sie zum offenbaren Nutzen des gemeinschaftlichen Vermögens sind.[1])

Die noch nicht vollzogenen Rechtsgeschäfte, welche der überlebende Ehegatte mit der erforderlichen Zustimmung der Kinder abgeschlossen hat, kann derselbe mit Zustimmung des anderen Contrahenten und ohne Zustimmung der Kinder wieder aufheben.[2])

---

[1]) Landr. S. 217 § 17; Comm. S. 230; Weber § 562; Spies § 23 S. 116; Slg. Bd. XV S. 620; Bl. f. RA. Bd. 27 S. 142, 391; Bd. 60 S. 391 ff. Roth Bd. I S. 481, 482.

[2]) Landr. S. 217 § 17.

2. Nichtig sind:
   a) die Bürgschaft, die Schuldübernahme, die Uebernahme einer Solidarhaftung, wenn der überlebende Ehegatte diese Rechtsverhältnisse für Jemand eingeht, mit welchen er nicht als Kaufmann oder Gewerbtreibender in geschäftlichem Verkehr steht.[1])
   b) Schenkungen des überlebenden Ehegatten an seinen künftigen neuen Ehegatten, wenn diese Schenkungen das standes- und ortsübliche Maß übersteigen.[2])

III. Schadensersatzansprüche, wenn ein Ehegatte durch die unrichtigen Vermögensangaben des anderen Ehegatten zur Eingehung der allgemeinen Gütergemeinschaft veranlaßt wurde:

1. Ist der verstorbene Ehegatte durch die in erheblichem Maße unrichtigen Angaben, welche ihm der überlebende Ehegatte bezüglich seines Vermögens- und Schuldenstandes wissentlich machte, veranlaßt worden, den Güterstand der allgemeinen Gütergemeinschaft zu wählen, so können die Kinder Ersatz verlangen in der Höhe des Be-

---

[1]) Landr. S. 218 § 18; Comm. S. 230; Weber § 562; Spies § 23 S. 116; Slg. Bd. XV S. 620; Bl. f. RA. Bd. 25 S. 110; Bd. 60 S. 236, 391; Roth Bd. I S. 482 A. 29.

[2]) Landr. S. 240 § 23; Comm. S. 254, 255; Weber § 652; Spies § 36 S. 124.

trags, um welchen der überlebende Ehegatte seinen Vermögens- oder Schuldenstand unrichtig angegeben hat, wenn nicht der verstorbene Ehetheil den Kindern verboten hat, diesen Ersatzanspruch geltend zu machen.

Ist der verstorbene Ehegatte im Falle der Wiederverehelichung durch die in erheblichem Maße unrichtigen Angaben, welche ihm der überlebende Ehegatte bezüglich seines Vermögens- und Schuldenstandes wissentlich oder unwissentlich machte, veranlaßt worden, die allgemeine Gütergemeinschaft zu wählen und seine ersteheliche Kinder vollkommen einzukindschaften, so können die Kinder in gleicher Weise Ersatz verlangen.

Für diesen Ersatz, welcher Sondervermögen der Kinder wird, haften der Reihe nach

a) das gemeinschaftliche Vermögen, soweit dasselbe vom verstorbenen Ehegatten herrührt;
b) das übrige gemeinschaftliche Vermögen.

Wird dieser Ersatz zwischen den Kindern und dem überlebenden Ehegatten vertragsmäßig festgesetzt, so hat ein solcher Vertrag gegenüber den Gläubigern der Eheleute nur Rechtswirksamkeit, wenn er notariell errichtet ist.

Die Klage auf Ersatz muß erhoben werden

a) wenn die allgemeine Gütergemeinschaft durch Vertrag eingeführt wurde:

α) binnen Jahr und Tag von Einführung der allgemeinen Gütergemeinschaft an, wenn der überlebende Ehegatte sein Aktivvermögen unrichtig angegeben hat;

β) binnen 3 Monaten von dem Zeitpunkte an, in welchem der verstorbene Ehegatte von dem Betruge Kenntniß erlangt hat, wenn der überlebende Ehegatte seine Schulden unrichtig angegeben hat; hat der verstorbene Ehegatte von dem Betrug keine Kenntniß mehr erlangt, so läuft die 3 monatliche Frist von dem Zeitpunkte an, in welchem die Kinder von dem Betruge Kenntniß erlangen;

b) wenn die allgemeine Gütergemeinschaft stillschweigend eingetreten ist:

binnen 3 Monaten von dem Zeitpunkte an, in welchem der verstorbene Ehegatte von dem Betruge Kenntniß erlangt hat; hat der verstorbene Ehegatte von dem Betruge keine Kenntniß mehr erlangt, so läuft die 3 monatliche Frist von dem Zeitpunkte an, in welchem die Kinder von dem Betruge Kenntniß erlangen.

War die verstorbene Ehefrau der betrogene Theil, so gelten noch folgende Bestimmungen:

a) Schenkungen, welche der Ehemann mit ihrer Zustimmung gemacht hat, dürfen nur mit Zustimmung der Kinder vollzogen werden, wenn durch den Vollzug das Sondervermögen der verstorbenen Ehefrau verkürzt würde; außer es hätte die verstorbene Ehefrau den Kindern verboten, ihre Zustimmung zu versagen;

b) die Kinder können, wenn aus einer Bürgschaft, Schuldübernahme, Uebernahme einer Solidarhaftung das Sondervermögen der verstorbenen Ehefrau angegriffen wurde, vom Ehemann Ersatz verlangen, falls nicht die verstorbene Ehefrau den Kindern verboten hat, diesen Ersatzansprch geltend zu machen.

Für diesen Ersatz haften der Reihe nach:

α) das Sondervermögen des Ehemannes,

β) das gemeinschaftliche Vermögen, soweit dasselbe vom Ehemanne herrührt.[1])

2. Ist der überlebende Ehegatte durch die in erheblichem Maße unrichtigen Angaben, welche ihm der verstorbene Ehegatte bezüglich seines Vermögens- und Schuldenstandes wissentlich machte, veranlaßt worden, den Güterstand der allgemeinen Gütergemeinschaft zu wählen, so kann der betrogene Ehegatte Ersatz verlangen in der Höhe des Betrags, um welchen der verstorbene Ehegatte seinen Vermögens- oder Schuldenstand unrichtig angegeben hat.

---

[1]) Landr. S. 214 § 9; S. 216 § 12; S. 281 § 5; Comm. S. 228, 229, 325; Weber §§ 522, 551, 552, 856; Spies § 89 S. 72, § 19 S. 114.

Ist der überlebende Ehegatte im Falle der Wiederverehelichung durch die in erheblichem Maße unrichtigen Angaben, welche ihm der verstorbene Ehegatte bezüglich seines Vermögens- und Schuldenstandes wissentlich oder unwissentlich machte, veranlaßt worden, den Güterstand der allgemeinen Gütergemeinschaft zu wählen und seine erstehelichen Kinder vollkommen einzukindschaften, so kann der betrogene Ehegatte und die eingekindschafteten Kinder in gleicher Weise Ersatz verlangen. Für diesen Ersatz, welcher Sondervermögen des überlebenden Ehegatten bezw. des überlebenden Ehegatten und seiner eingekindschafteten erstehelichen Kinder wird, haften der Reihe nach:

a) das gegenwärtige gemeinschaftliche Vermögen, soweit dasselbe vom überlebenden Ehegatten stammt;
b) das gemeinschaftliche Vermögen, soweit dasselbe vom verstorbenen Ehegatten stammt;
c) das künftige gemeinschaftliche Vermögen.

Wird dieser Ersatz zwischen dem überlebenden Ehegatten und den Kindern vertragsmäßig festgesetzt, so hat ein solcher Vertrag den Gläubigern gegenüber nur dann Rechtswirksamkeit, wenn er notariell errichtet wird.

Die Klage auf Ersatz muß erhoben werden

a) wenn die allgemeine Gütergemeinschaft durch Vertrag eingeführt wurde:

α) binnen Jahr und Tag von Einführung der allgemeinen Gütergemeinschaft an, wenn der verstorbene Ehegatte sein Aktivvermögen unrichtig angegeben hat;

β) binnen 3 Monaten von dem Zeitpunkte an, in welchem der überlebende Ehegatte von dem Betruge Kenntniß erlangt hat, wenn der verstorbene Ehegatte seine Schulden unrichtig angegeben hat.

b) wenn die allgemeine Gütergemeinschaft stillschweigend eingetreten ist:

binnen 3 Monaten von dem Zeitpunkte an, in welchem der überlebende Ehegatte von dem Betruge Kenntniß erlangt hat.

Ist die überlebende Ehefrau der betrogene Theil, so gelten noch folgende Bestimmungen:

a) Schenkungen, welche der verstorbene Ehemann mit ihrer Zustimmung gemacht hat, dürfen nur mit ihrer Zustimmung vollzogen werden, wenn durch den Vollzug ihr Sondervermögen verkürzt würde;

b) wenn aus einer Bürgschaft, Schuldübernahme, Uebernahme einer Solidarhaftung ihr Sondervermögen angegriffen wurde, so kann sie Ersatz verlangen, für welchen der Reihe nach haften:

α) das Sondervermögen des verstorbenen Ehemannes;

β) das gemeinschaftliche Vermögen, soweit dasselbe vom verstorbenen Ehemanne stammt.

Ist der überlebende Ehemann der betrogene Theil, so kann er für das, was er aus seinem Sondervermögen verwenden mußte, Ersatz verlangen; für diesen Ersatz haften der Reihe nach

a) das gemeinschaftliche Vermögen,
b) das Sondervermögen der verstorbenen Ehefrau.[1])

IV. Deliktsschulden[2]):

1. Hat der verstorbene Ehegatte nach Eintritt der allgemeinen Gütergemeinschaft eine strafbare Handlung begangen und sind nunmehr nach dessen Ableben Deliktsschulden zu bezahlen, so haften hiefür der Reihe nach
   a) das Sondervermögen des verstorbenen Ehegatten,
   b) das gemeinschaftliche Vermögen.

   Die Zahlung der Geldstrafen aus dem gemeinschaftlichen Vermögen kann aber nur mit Zustimmung des überlebenden Ehegatten erfolgen.

   Erfolgt die Zahlung der Deliktsschulden aus dem gemeinschaftlichen Vermögen, so ist aus dem Sondervermögen des verstorbenen Ehegatten an die gemeinschaftliche Masse Ersatz zu leisten, wenn

---

[1]) Landr. S. 217 § 15; S. 281 § 5; Comm. S. 230, 325; Weber §§ 556, 856; Spies § 18 S. 114, § 89 S. 72.

[2]) Ueber den Begriff der Deliktsschulden s. oben § 24.

sich der überlebende Ehegatte bei der Zahlung diesen Ersatz vorbehalten hat.

Bei einer allenfalls erfolgenden Theilung des gemeinschaftlichen Vermögens zwischen dem überlebenden Ehegatten und den Kindern haben die Kinder diese Deliktsschulden auf die sie treffenden Vermögenstheile zu übernehmen.[1])

2. Hat der überlebende Ehegatte wegen einer vor dem Ableben des anderen Ehegatten und nach Eintritt der allgemeinen Gütergemeinschaft oder wegen einer nach dem Ableben des anderen Ehegatten begangenen strafbaren Handlung Deliktsschulden zu bezahlen, so haften hiefür der Reihe nach:

a) das Sondervermögen des schuldnerischen Ehegatten;

b) das gemeinschaftliche Vermögen.

Die Zahlung der Geldstrafen aus dem gemeinschaftlichen Vermögen kann nur mit Zustimmung der Kinder erfolgen.

Erfolgt die Zahlung der Deliktsschulden aus dem gemeinschaftlichen Vermögen, so hat der schuldige Ehegatte aus seinem gegenwärtigen oder künftigen Sondervermögen an die gemeinschaftliche Masse Ersatz zu leisten, wenn sich die Kinder bei der Zahlung diesen Ersatz vorbehalten haben.

---

[1]) Landr. S. 217 § 15; S. 281 § 5; Comm. S. 230, 325; Weber § 556.

Bei einer allenfallsigen Theilung des gemeinschaftlichen Vermögens zwischen dem überlebenden Ehegatten und den Kindern hat der schuldnerische Ehegatte diese Deliktsschulden auf den ihn treffenden Vermögenstheil zu übernehmen.[1])

V. Einschreiten des Vormundschaftsgerichtes:

Wenn das von der fortgesetzten Gütergemeinschaft umfaßte Vermögen durch den überlebenden Ehegatten schlecht verwaltet wird, so hat das Vormundschaftsgericht die erforderlichen Maßregeln zu treffen, um die Rechte der minderjährigen Kinder zu schützen.[2])

b.

Scheidung der Ehe.

§ 31.

Wird die Ehe dem Bande nach getrennt, so erreicht dadurch die allgemeine Gütergemeinschaft ihr Ende und findet Vermögensauseinandersetzung in nachfolgender Weise statt.

I. Einer der beiden Ehegatten ist als der alleinschuldige Theil erklärt:

1. Wenn eingekindschaftete Kinder nicht vorhanden sind, so hat der unschuldige Ehegatte die Wahl

---

[1]) Landr. S. 215, 216, §§ 10, 11, 12; S. 220 § 22; Comm. S. 229; Weber §§ 548, 549, 553, 565; Spies § 22 S. 115.

[2]) Landr. S. 219 § 21; Comm. S. 230; Weber § 564; Spies § 4 S. 16, § 2 S. 21.

zwischen Aufhebung der allgemeinen Gütergemeinschaft vom Zeitpunkte der Einführung an (ex tunc) oder vom Zeitpunkte der Rechtskraft des Scheidungsurtheils an (ex nunc, Theilung).[1])

a) Wird die allgemeine Gütergemeinschaft vom Zeitpunkte der Einführung an (ex tunc) aufgehoben, so zerfällt das gemeinschaftliche Vermögen in seine ursprünglichen Bestandtheile, als ob die Eheleute im Güterstand des gem. Rechts gelebt hätten; nur die Haftung des gemeinschaftlichen Vermögens für die bisherigen Schulden besteht in dem früheren Umfange fort.[2])

b) Wird die allgemeine Gütergemeinschaft vom Zeitpunkte der Rechtskraft des Scheidungsurtheiles an (ex nunc) aufgehoben, so wird das gemeinschaftliche Vermögen in folgender Weise getheilt:

α) sind unabgetheilte Kinder nicht vorhanden, so wird das gemeinschaftliche Vermögen zwischen beiden Ehegatten zu gleichen Theilen getheilt;[3])

---

[1]) Landr. S. 200 § 17; Comm. S. 196; Weber §§ 481, 482; Spies § 99 S. 79, § 74 S. 143; Bl. f. R.A. Bd. 10 S. 252; Slg. Bd. 14 S. 1 ff.; Roth Bd. I S. 536.

[2]) Landr. S. 200 § 18; Comm. S. 196; Weber § 487; Spies §§ 99 S. 79, 80; § 74 S. 144; § 75 S. 145; Slg. Bd. 14 S. 1 ff.

[3]) Landr. S. 201 § 19; Comm. S. 197; Weber § 483; Spies §§ 99 S. 79; Slg. Bd. 14 S. 1 ff.

β) sind unabgetheilte Kinder vorhanden, so wird das gemeinschaftliche Vermögen in der Weise getheilt, daß die Ehegatten und die Kinder Kopftheile machen; die Kopftheile der Kinder fallen dem unschuldigen Ehegatten zu, der mit denselben durch fortgesetzte allgemeine Gütergemeinschaft verbunden bleibt. Zwischen dem alleinschuldigen Ehegatten und den Kindern hat diese Theilung die rechtliche Natur einer Grundtheilung.[1])

2) Wenn eingekindschaftete Kinder vorhanden sind, so erfolgt die Aufhebung der allgemeinen Gütergemeinschaft vom Zeitpunkte der Rechtskraft des Scheidungsurtheils an (ex nunc):

das gemeinschaftliche Vermögen wird in der Weise getheilt, daß die Ehegatten, die aus der getrennten Ehe vorhandenen Kinder und die eingekindschafteten Kinder Kopftheile machen.[2]) Die Kopftheile der eingekindschafteten Kinder fallen deren leiblichen Elterntheil zu, der mit denselben durch Einkindschaft verbunden bleibt. Die Kopftheile der aus der getrennten Ehe vorhandenen Kinder fallen dem unschuldigen

---

[1]) Landr S. 201 § 20; Comm. S. 197—202; Weber §§ 483—487; Spies § 99 S. 79; § 74 S. 144; Slg. Bd. 14 S. 1 ff.

[2]) Landr. S. 295 § 3; Comm. S. 345; Weber §§ 897, 898.

Ehegatten zu, welcher mit diesen Kindern durch fortgesetzte Gütergemeinschaft verbunden bleibt. Zwischen dem alleinschuldigen Ehegatten und den aus der getrennten Ehe vorhandenen Kindern hat diese Theilung die rechtliche Natur einer Grundtheilung.[1])

Vorbehalt der großelterlichen Erbschaft:

a) Ist der leibliche Elterntheil der eingekindschafteten Kinder als der alleinschuldige Theil erklärt und zur Zeit der Theilung des gemeinschaftlichen Vermögens vom Vermögen seiner Ascendenten noch nicht abgetheilt, so müssen sich bei der Theilung die aus der getrennten Ehe vorhandenen Kinder den Anspruch auf das Erbvermögen, welches derselbe von seinen Ascendenten noch zu erwarten hat, bei Verlust dieses Anspruches vorbehalten. Mit dem Erwerb des Erbvermögens durch den Elterntheil haben sie dann den Anspruch auf Nachtheilung. Als Theilungsinteressenten kommen in Betracht der schuldige Ehegatte, dessen leibliche Kinder, die aus der getrennten Ehe vorhandenen Kinder.

Die zur Zeit der Theilung des gemeinschaftlichen Vermögens der getrennten Ehe noch minderjährigen aus der getrennten Ehe vor-

[1]) Landrecht S. 295 §§ 4, 8, 9; Comm. S. 346, 348, 349; Weber §§ 899, 900, 901, 902; Spies § 44 S. 129; § 74 S. 144.

handenen Kinder können binnen eines halben Jahres nach erreichter Volljährigkeit gegen die Versäumung des Vorbehalts Wiedereinsetzung in den vorigen Stand verlangen.

Was die aus der getrennten Ehe vorhandenen Kinder durch diese Nachtheilung erlangen, bleibt Sondervermögen derselben.[1])

b) Ist der andere Ehegatte als der alleinschuldige Theil erklärt und zur Zeit der Theilung des gemeinschaftlichen Vermögens der getrennten Ehe von seinen Ascendenten noch nicht abgetheilt, so müssen sich bei der Theilung der unschuldige Ehegatte, die eingekindschafteten Kinder und die aus der getrennten Ehe vorhandenen Kinder den Anspruch auf das Erbvermögen, welches der schuldige Ehegatte von seinen Ascendenten noch zu erwarten hat, bei Verlust dieses Anspruches vorbehalten. Der unschuldige Ehegatte und die eingekindschafteten Kinder können diesen Vorbehalt nur machen, wenn sie sich bereis bei der Einkindschaft mit Zustimmung des schuldigen Ehegatten und seiner Ascendenten den obigen Anspruch vorbehalten haben.

Mit dem Erwerb des Erbvermögens durch den alleinschuldigen Ehegatten haben der un-

[1]) Landr. S. 295 § 5; Comm. S. 346; Weber §§ 906, 907, 908.

schuldige Ehegatte, die eingekindschafteten Kinder und die aus der getrennten Ehe vorhandenen Kinder den Anspruch auf Nachtheilung.

Was die aus der getrennten Ehe vorhandenen Kinder durch diese Nachtheilung erlangen, bleibt Sondervermögen derselben.[1])

II. Keiner der beiden Ehegatten ist als der schuldige oder als der alleinschuldige Theil erklärt:

1. Wenn eingekindschaftete Kinder nicht vorhanden sind, so wird das gemeinschaftliche Vermögen zwischen beiden Ehegatten zu gleichen Theilen getheilt. Die aus der getrennten Ehe vorhandenen Kinder bleiben unabgetheilt und beerben ihre Eltern nach gemeinem Rechte.[2])

2. Wenn eingekindschaftete Kinder vorhanden sind, so erfolgt die Aufhebung der allgemeinen Gütergemeinschaft vom Zeitpunkte der Rechtskraft des Scheidungsurtheils an (ex nunc):

Das gemeinschaftliche Vermögen wird in der Weise getheilt, daß die Ehegatten, die eingekindschafteten Kinder, die aus der getrennten Ehe vorhandenen Kinder Kopftheile machen.

---

[1]) Landr. S. 296 §§ 6, 7; Comm. S. 347, 348; Weber §§ 912, 913, 914; 915; Spies § 77 S. 147, § 79 S 149, § 82 S. 150.

[2]) Landr. S. 201 § 21; Comm. S. 202; Weber §§ 82, 144, 488, 489; Spies § 99 S. 80; § 75 S. 144.

Die Kopftheile der eingekindschafteten Kinder fallen dem leiblichen Elterntheil derselben zu, mit welchem sie durch Einkindschaft verbunden bleiben. Die Kopftheile der aus der getrennten Ehe vorhandenen Kinder fallen je zur Hälfte den getrennten Ehegatten zu, welche mit den Kindern durch fortgesetzte Gütergemeinschaft verbunden bleiben. Zwischen den eingekindschafteten Kindern und dem stiefelterlichen Theil hat diese Theilung die rechtliche Natur einer Grundtheilung.[1])

Die aus der getrennten Ehe vorhandenen Kinder können vom leiblichen Elterntheil der eingekindschafteten Kinder bei der künftigen Erbteilung nur verlangen, was bei der infolge der Ehescheidung stattgehabten Theilung in Anbetracht ihrer an denselben gelangt ist.[2])

c.

Ungiltigkeit und Nichtigkeit der Ehe.

§ 32.

Wird die Ehe für ungiltig oder nichtig erklärt, so sind die Bestimmungen, welche im Falle der Scheidung der Ehe (§ 31) gelten, analog anzuwenden; an

---

[1]) Landr. S. 298 § 11; Comm. S. 350; Weber §§ 903, 904; Spies § 75 S. 145.

[2]) Landr. S. 299 § 12; Comm. S. 351; Weber §§ 903, 904; Spies § 75 S. 145.

die Stelle des alleinschuldigen Ehegatten tritt derjenige Ehegatte, welchem bei Eingehung der Ehe das trennende Ehehinderniß bekannt war.[1])

IV.

Der Güterstand der partikulären Gütergemeinschaft. (Errungenschaftsgemeinschaft).

1.

Begriff.

§ 33.

Der Güterstand der Errungenschaftsgemeinschaft beruht auf dem Güterstand des gemeinen Rechts; es gelten daher die Bestimmungen, welche für den Güterstand des gemeinen Rechts gelten, auch für den Güterstand der Errungenschaftsgemeinschaft, soweit nicht etwas Anderes bestimmt ist oder aus der Natur Sache sich ergibt.[2])

Die Errungenschaftsgemeinschaft ist ein Miteigenthum (condominium pro indiviso).[3]) Sie kann nur durch Vertrag eingeführt und beliebig geregelt werden.[4])

Die Ehefrau kann, so lange sie das Heirathgut noch nicht in die Ehe gebracht hat, gegen Theilnahme

---

[1]) Landr. S. 335 ff. §§ 4, 5, 6, 8, 11; Comm. S. 413 bis 418; Weber §§ 1049, 1053, 1054, 1056, 1057, 1058, 1059, 1063; Spies § 74 S. 144; § 75 S. 145.

[2]) Roth Bd. I S. 530 A. 48.

[3]) Bl. f. RA. Bd. 34 S. 25 ff.; Seuff. Archiv Bd. 39 S. 308.

[4]) Landr. S. 49 § 33; Weber § 225.

an den ehelichen Lasten Antheil an der Errungenschaft verlangen und die Einbringung des Heirathgutes verweigern, solange ihr nicht die Theilnahme an der Errungenschaft eingeräumt ist.[1])

Wenn nicht etwas anderes vereinbart ist, steht jedem der beiden Ehegatten die Errungenschaft zur Hälfte zu.[2])

Beim Güterstand der Errungenschaftsgemeinschaft werden folgende Vermögensmassen unterschieden:

a) der Vorbehalt: das Sondervermögen des einzelnen Ehegatten, dessen Nutzung nicht zur Errungenschaft gehört;

b) das eingebrachte Vermögen: Sondervermögen des einzelnen Ehegatten, dessen Nutzung zur Errungenschaft gehört;

c) Errungenschaft: das von den Eheleuten während der Ehe Gewonnene.[3])

Beim Mangel vertragsmäßiger Festsetzung gehört zur Errungenschaft:

---

[1]) Landr. S. 37 §§ 2, 3; Comm. S. 19; Weber §§ 65, 226, 227, 228, 229; Spies § 27 S. 41, § 37 S. 46, § 39 S. 47; Roth Bd. I S. 496 A. 15, S. 499, S. 506 A. 81.

[2]) Landr. S. 38 § 8; Comm. S. 20; Weber §§ 226, 232; Spies § 39 S. 47.

[3]) Landr. S. 38 ff. §§ 8, 12, 13, 14, 15, 17, 18, 19, 20, 21, 24, 25, 29; Roth Bd. I S. 499, 500, 501.

a) die Nutzung des „eingebrachten Vermögens" der beiden Ehegatten;
b) der gesammte Erwerb der Eheleute, ausgenommen der lukrative Erwerb, von welchem nur die Nutzung zur Errungenschaft gehört;
c) die aus der Errungenschaft angeschafften Surrogate.[1])

2.
Geltung.
§ 34.

1) In erster Ehe:
Ueber die Einführung des Güterstands der Errungenschaftsgemeinschaft in erster Ehe enthält das Landrecht keine besonderen Bestimmungen.
2) In zweiter Ehe:
a) Hat der wieder heirathende Ehegatte in erster Ehe im Güterstand des gemeinen Rechts gelebt, so kann in der zweiten Ehe mit Zustimmung der ersteheliche Kinder des wieder heirathenden Ehegatten der Güterstand der Errungenschaftsgemeinschaft eingeführt werden, ohne daß zwischen dem wieder heirathenden Ehegatten und seinen erstehelichen Kindern Vermögensauseinandersetzung stattzufinden braucht. Ist die künftige Errungenschaft sehr ungewiß

[1]) Landr. S. 37. 38 §§ 5, 6, 7; Comm. S. 19; Weber §§ 65, 224, 231; Roth Bd. I S. 497, 498, 499.

oder ist zu befürchten, daß das Vermögen des wieder heirathenden Ehegatten während der zweiten Ehe merklich geschwächt wird, so können die ersteheliche Kinder des wieder heirathenden Elterntheils verlangen, daß ihnen bei der künftigen Erbtheilung ein um einen jetzt schon zu bestimmenden Betrag höherer Erbtheil zukomme, als den übrigen Erben. Diesen Mehrbetrag bezeichnet das Landrecht wenig zutreffend als eine Art „Voraus."

Für diesen Mehrbetrag haften bei der seiner Zeit erfolgenden Erbtheilung der Reihe nach:

α) die gemeinschaftliche Errungenschaft,

β) das ersteheliche Vermögen des wieder heirathenden Ehegatten,

γ) das Ehe-Einbringen des anderen Ehegatten.[1])

b) Hat der wieder heirathende Ehegatte in erster Ehe im Güterstand der wechselseitigen Erbfolge gelebt, so kann in der zweiten Ehe mit Zustimmung der erstehelichen Kinder des wieder heirathenden Ehegatten, der Güterstand der Errungenschaftsgemeinschaft eingeführt werden, ohne daß zwischen dem wieder heirathenden Ehegatten und seinen erstehelichen Kindern Vermögensauseinandersetzung stattzufinden braucht.

---

[1]) Landr. S. 228 §§ 5, 6; S. 327 § 3; Comm. S. 241, 397; Weber §§ 618, 619, 1037, 1038; Spies § 12 S. 110, 111. Wegen des Verlustes der lucra nuptialia s. § 38.

Im Uebrigen gelten dieselben Bestimmungen, welche gelten, wenn der wieder heirathende Ehegatte in erster Ehe im Güterstand des gemeinen Rechts gelebt hat.[1])

c) Hat der wieder heirathende Ehegatte in erster Ehe in allgemeiner Gütergemeinschaft gelebt, so kann in der zweiten Ehe der Güterstand der Errungenschaftsgemeinschaft nicht eingeführt werden.[2])

d) Hat der wieder heirathende Ehegatte in erster Ehe im Güterstand der Errungenschaftsgemeinschaft gelebt, so kann in der zweiten Ehe mit Zustimmung der ersteheliche Kinder des wieder heirathenden Ehegatten der Güterstand der Errungenschaftsgemeinschaft eingeführt werden, ohne daß zwischen dem wieder heirathenden Ehegatten und seinen erstehelichen Kindern Vermögensauseinandersetzung stattzufinden braucht. Im Uebrigen gelten dieselben Bestimmungen, welche gelten, wenn der wieder heirathende Ehegatte in erster Ehe

---

[1]) Landr. S. 230 § 10; S. 328 § 5; Comm. S. 243, 244; Weber §§ 623, 624, 1041; Spies § 60 S. 56, § 14 S. 112. Wegen des Verlustes der lucra nuptialia s. § 38.

[2]) Landr. S. 235 § 9; Comm. S. 252; Weber §§ 636, 637; Spies § 31 S. 120.

im Güterstand des gemeinen Rechts gelebt hat.[1])

3) In dritter und noch weiterer Ehe:

In dritter oder noch weiterer Ehe kann der Güterstand der Errungenschaftsgemeinschaft nicht eingeführt werden.[2])

3.

Rechtsverhältniß während der Dauer der Ehe.

a.

Rechte der Ehegatten.

§ 35.

Der Ehemann hat das Recht, das „eingebrachte Vermögen“ der Ehefrau, sowie das gemeinschaftliche Vermögen (Errungenschaft) zu verwalten.[3]) Das „eingebrachte Vermögen“ der Ehefrau hat die rechtliche Natur eines Heirathgutes.[4])

Die Befugnisse der Ehefrau sind dieselben, wie beim Güterstand des gemeinen Rechts.[5])

---

[1]) Landr. S. 231 §§ 11, 12; S. 329 § 6; Comm. S. 245, 401; Weber §§ 625, 626, 1041; Spies § 49 S. 52, § 15 S. 112. Wegen des Verlustes der lucra nuptialia s. § 38. Wegen des Erlöschens der fortgesetzten Errungenschaftsgemeinschaft s. § 37.

[2]) Landr. S. 322, 323 §§ 4, 6, 7, 8. Comm. S. 391, 392; Weber §§ 1020, 1021, 1022, 1023, 1024; Spies § 12 S. 110, § 31 S. 120, § 38 S. 46, § 53 S. 53; Roth Bd. I S. 496 A. 15.

[3]) Landr. S. 39 § 9; Roth Bd. I S. 505, 507.

[4]) Landr. S. 46 § 25; Roth Bd. I S. 506 A. 81.

[5]) Landr. S. 39 § 9; Comm. S. 20; Weber § 234; Spies § 40, S. 47.

Die Gutsübergabe kann nur mit Einwilligung beider Ehegatten erfolgen.[1])

Wird ein Ehegatte wegen Verschwendung entmündigt und der andere Ehegatte als Vormund desselben bestellt, so gelten bezüglich der Rechnungsstellung folgende Bestimmungen:

a) ist der Ehemann Vormund, so findet keine Rechnungsstellung statt;

b) ist die Ehefrau Vormund, so ist zu unterscheiden:

α) sind Kinder vorhanden, so findet keine Rechnungsstellung statt;

β) sind keine Kinder vorhanden, so findet bezüglich des Hauptstocks des eheherrlichen Vermögens alljährlich Rechnungsstellung statt; bezüglich der Verwaltung dieses Vermögens gelten dieselben Bestimmungen, welche für die Verwaltung des Vermögens der abgetheilten Kinder durch die Eltern gelten.

Der Ehemann kann der Ehefrau die Rechnungsstellung mit Zustimmung des Vormundschaftsgerichtes erlassen.[2])

Verwendungen, welche auf das Sondervermögen eines Ehegatten aus der Errungenschaft gemacht werden, sind an letztere zu ersetzen.[3])

---

[1]) Landr. S. 68 § 5; Comm. S. 44, 45; Weber §§ 153, 363, 364; Spies § 41 S. 101; Bl. f. RA. Bd. 14 S. 316.

[2]) Landr. S. 122 § 24; Comm. S. 97, 98; Weber §§ 80, 1129; Spies § 17 S. 26.

[3]) Landr. S. 40 § 12; Weber § 233; Spies § 47 S. 50; Roth Bd. I S. 503.

Der Pflichtheil der Kinder beträgt:

a) bei höchstens 4 Kindern ein Drittel des Vermögens der Eltern;
b) bei mehr als 4 Kindern die Hälfte des Vermögens der Eltern.[1])

b.

Schuldenhaftung.

§ 36.

1. Voreheliche Schulden:

Für diese haften der Reihe nach:

a) der Vorbehalt des schuldnerischen Ehegatten,
b) der Antheil des schuldnerischen Ehegatten an der Errungenschaft,
c) das eingebrachte Vermögen des schuldnerischen Ehegatten.

Wird der Antheil des schuldnerischen Ehegatten an der Errungenschaft oder dessen eingebrachtes Vermögen zur Schuldentilgung verwendet, so kann der andere Ehegatte wegen des ihm dadurch erwachsenden Schadens Ersatz verlangen.[2])

2. Während der Ehe entstandene Schulden:

a) Für Schulden, welche die Ehefrau unter Ueberschreitung ihrer Befugnisse macht, haftet deren Vorbehalt; die Zahlung aus sonstigem

---

[1]) Landr. S. 79 § 2; Weber § 133; Spies § 2 S. 153.

[2]) Landr. S. 41 §§ 13, 14; Comm. S. 21; Weber §§ 235, 236; Spies § 41 S. 47; Roth Bd. I S. 510.

Vermögen der Eheleute kann nur mit Zustimmung des Ehemannes erfolgen; behält sich dieser bei der Zahlung den Ersatz vor, so ist aus dem gegenwärtigen oder künftigen Vorbehalt der Ehefrau an die Vermögensmasse, aus welcher die Zahlung erfolgte, Ersatz zu leisten.[1])

b) Eheschulden (Schulden zu ehelichen Zwecken):

Für diese haftet den Gläubigern der Ehemann. Dieser kann für die von ihm bezahlten Eheschulden der Reihe nach Ersatz verlangen

α) aus der Errungenschaft,

β) aus seinem eingebrachten Vermögen,

γ) aus dem eingebrachten Vermögen der Ehefrau nach Verhältniß ihres Antheils an der Errungenschaft, falls nicht vereinbart ist, daß die Ehefrau an den Eheschulden nicht mitzutragen hat, welche Vereinbarung aber nur giltig ist, wenn sie bei Einführung der Errungenschaftsgemeinschaft notariell und unter spezifizirter Bezeichnung des eingebrachten Vermögens der Ehefrau verlautbart wird und wieder in Wegfall kommt, soweit die Ehefrau zu dieser oder jener Eheschuld ihre Einwilligung erklärt;

---

[1]) Landr. S. 42 § 15; Comm. S. 22; Weber §§ 237, 238; Spies § 42 S. 48, § 47 S. 50.

δ) aus seinem Vorbehalt.[1])

c) Geräth der Ehemann infolge Verschwendung in Konkurs, ohne daß die Ehefrau eine Mitschuld trifft, was vermuthet wird, so kann das vorbehaltene und das eingebrachte Vermögen der Ehefrau nicht zur Konkursmasse gezogen werden. Die Ehefrau kann verlangen, daß aus dem Vermögen, welches der Ehemann nach Beendigung des Konkursverfahrens noch besitzt oder erwirbt, zunächst die Errungenschaft und alsdann das eingebrachte Vermögen des Ehemannes ersetzt wird und zwar letzteres in dem Betrage, welcher zur Zahlung der Schulden verwendet wurde, wenn auch der Ehemann ein geringeres Einbringen zur Errungenschaftsgemeinschaft eingebracht hat. Hat die Ehefrau im Konkurs des Ehemannes ihr „eingebrachtes Vermögen" zur Zahlung der Schulden desselben verwendet, und sich hiebei den Ersatz vorbehalten, so ist aus dem Vermögen, welches der Ehemann nach Beendigung des Konkursverfahrens noch besitzt oder erwirbt, vor Allem das eingebrachte Vermögen der Ehefrau zu ersetzen.[2])

---

[1]) Landr. S. 42, 43, §§ 16, 17, 18, 30; Comm. S. 22—27; Weber §§ 226, 227, 239, 240, 242, 243, 244; Spies § 45 S. 49, § 47 S. 50; § 44 S. 48.

[2]) Landr. S. 44 § 19; Comm. S. 27, 28; Weber §§ 246, 247, 248; Spies § 44 S. 48; § 47 S. 50, 51.

3. Deliktsschulden[1]):

Hat ein Ehegatte wegen eines vor der Ehe begangenen Deliktes Deliktsschulden zu bezahlen, so haften hiefür der Reihe nach:

a) der Vorbehalt des schuldnerischen Ehegatten,
b) der Antheil des schuldigen Ehegatten an der Errungenschaft,
c) das eingebrachte Vermögen des schuldigen Ehegatten.[2])

Hat ein Ehegatte wegen eines während der Ehe begangenen Deliktes

a) einen Schadensersatzanspruch zu bezahlen, so haften hiefür der Reihe nach
   α) der Vorbehalt des schuldigen Ehegatten,
   β) der Antheil des schuldigen Ehegatten an der Errungenschaft,
   γ) das eingebrachte Vermögen des schuldigen Ehegatten,
   δ) der Antheil des unschuldigen Ehegatten an der Errungenschaft,
   ε) das eingebrachte Vermögen des unschuldigen Ehegatten.[3])
b) eine namhafte Geldstrafe zu bezahlen, so haftet hiefür der Vorbehalt des schuldigen Ehegatten;

---

[1]) Ueber den Begriff der Deliktsschulden s. oben § 24.

[2]) Landr. S. 44 § 20; Comm. S. 29; Weber §§ 250, 251; Spies § 46 S. 49.

[3]) Landr. S. 45 § 21; Comm. S. 29, 30; Weber §§ 252, 253; Spies § 46 S. 49.

aus der Errungenschaft oder aus dem eingebrachten Vermögen des schuldigen Ehegatten kann die Zahlung nur mit Zustimmung des unschuldigen Ehegatten erfolgen; gestattet dieser die Zahlung unter Vorbehalt des Ersatzes, so hat der schuldige Ehegatte die Errungenschaft und das eingebrachte Vermögen, soweit diese Vermögensmassen zur Zahlung verwendet wurden, zu ersetzen.[1])

4.
Auflösung der Errungenschaftsgemeinschaft.
§ 37.

1. Auflösung der Errungenschaftsgemeinschaft durch Aufhebung:

Wenn ein Ehegatte sein eingebrachtes Vermögen merklich schwächt:

a) durch voreheliche, dem anderen Ehegatten verschwiegene Schulden,
b) durch verschwenderische Lebensweise während der Ehe,
c) durch Deliktsschulden, welche er wegen seiner im Laufe der Ehe begangenen Delikte zu zahlen hat,

so kann der andere Ehegatte Aufhebung der Errungenschaftsgemeinschaft verlangen.[2])

---

[1]) Landr. S. 45, 46 §§ 22, 23; Comm. S. 30—34; Weber §§ 254, 255; Spies § 46 S. 49, § 47 S. 51.

[2]) Landr. S. 46 § 24; Comm. S. 34 Weber § 262; Spies § 49 S. 51; Roth Bd. I S. 514.

Wird die Errungenschaftsgemeinschaft aufgehoben

a) durch Schuld des Ehemannes, so erlangt die Ehefrau die Verwaltung und Nutznießung ihres eingebrachten Vermögens;

b) durch Schuld der Ehefrau, so verliert dieselbe ihren Antheil an der Errungenschaft und behält der Ehemann die Verwaltung und Nutznießung ihres eingebrachten Vermögens; die durch die Schuld der Ehefrau herbeigeführte Verringerung des eingebrachten Vermögens hat dieselbe zu ersetzen.[1])

2. Auflösung der Errungenschaftsgemeinschaft durch den Tod des einen Ehegatten:

Stirbt ein Ehegatte, so tritt in dessen Nachlaß immer die Erbfolge ein. Wenn minderjährige Kinder vorhanden sind, ist der Nachlaß durch amtliches Inventar festzustellen.

Bei beerbter Ehe ist der überlebende Ehegatte befugt, während der Dauer des verwittweten Standes mit den Kindern die Errungenschaftsgemeinschaft fortzusetzen, in welchem Falle die Auflösung des von der Errungenschaftsgemeinschaft umfaßten Vermögens unterbleibt. Die Kinder können Aufhebung der fortgesetzten Errungenschaftsge-

---

[1]) Landr. S. 46 § 25; Comm. S. 34; Weber § 263; Spies § 49 S. 51.

meinschaft nur verlangen, wenn der überlebende Ehegatte mit dem von der Errungenschaftsgemeinschaft umfaßten Vermögen verschwenderisch umgeht.

Bei Wiederverehelichung des überlebenden Ehegatten erlischt die fortgesetzte Errungenschaftsgemeinschaft.

Die Aufhebung der fortgesetzten Errungenschaftsgemeinschaft erfolgt nach dem gegenwärtigen Vermögensstand (ex nunc).[1])

Leben beide Ehegatten in zweiter Ehe, so findet auf Ableben des einen Ehegatten keine fortgesetzte Errungenschaftsgemeinschaft statt.[2])

3. Vermögensauseinandersetzung bei Auflösung der Errungenschaftsgemeinschaft:

Bei Auflösung der Errungenschaftsgemeinschaft geht die Vermögensauseinandersetzung in der Weise vor sich, daß vorerst die vorhandenen Eheschulden nach Maßgabe der bei der Errungenschaftsgemeinschaft bezüglich der Schuldenhaftung geltenden Bestimmungen weggefertigt werden; alsdann werden die gegenseitigen Ersatzforderungen berichtigt; hieraus bekommt jeder der beiden Ehegatten sein ein-

---

[1]) Landr. S. 47 §§ 26, 27; Comm. S. 34, 35, 36; Weber § 258, 259, 260; Spies § 4 S. 15, § 49 S. 52; Roth Bd. I S. 518 A. 23.

[2]) Landr. S. 327 § 3; Comm. S. 397; Weber §§ 1037, 1038.

gebrachtes Vermögen zurück; der Rest bildet die Errungenschaft, von welcher jeder Ehegatte den ihm zustehenden Antheil erhält.[1])

Vierter Titel.

Nachtheile der Wiederverehelichung.

§ 38.

Der verwittwete Ehegatte verliert bei der Wiederverehelichung den Ehegewinn (lucra nuptialia) nach seinem gegenwärtigen Bestande an die aus der jüngsten Ehe hervorgegangenen Kinder, es sei denn von dem verstorbenen Ehegatten bestimmt worden, daß der überlebende Ehegatte den Ehegewinn im Falle der Wiederverehelichung nicht verlieren soll; durch eine solche Bestimmung darf aber der Pflichttheil der Kinder nicht verletzt werden.

Zum Ehegewinn (lucra nuptialia) gehört Alles, was der überlebende Ehegatte von dem verstorbenen Ehegatten durch Freigebigkeit d. h. durch Schenkung unter Lebenden, oder durch letztwillige Verfügung, letzteren Falls insbesondere auch auf Grund des Güterstandes der wechselseitigen Erbfolge, erhalten hat.

Zum Ehegewinn gehört nicht, was dem über=

---

[1]) Landr. S. 48 §§ 29, 31; Weber §§ 257, 625; Spies § 50 S. 52; § 51 S. 52; Roth Bd. I S. 519.

lebenden Ehegatten kraft gesetzlicher Vorschrift aus dem Vermögen des verstorbenen Ehegatten zugekommen ist.[1])

Der wieder heirathende Ehegatte hat am Ehegewinn, dessen Eigenthum er infolge Wiederverehelichung an seine aus der jüngsten Ehe entsprossenen Kinder verliert, den lebenslänglichen Nießbrauch.[2])

Stirbt ein Kind, welchem infolge Wiederverehelichung des verwittweten Elterntheils das Eigenthum an den lucra nuptialia zugefallen ist, ohne letztwillige Verfügung, so gestaltet sich die gesetzliche Erbfolge in die lucra nuptialia wie folgt:

1. Classe: die Descendenten;
2. Classe: die vollbürtigen Geschwister;
3. Classe: die Ascendenten;
4. Classe: die halbbürtigen Geschwister u. s. w.[3])

Das Landrecht bestimmt den Verlust der lucra nuptialia allerdings nur für den Fall, daß der wiederheirathende Ehegatte mit dem verstorbenen Ehegatten im Güterstand des gemeinen Rechts oder der wechsel-

---

[1]) Landr. S. 222 §§ 2, 3; S. 230 § 10; S. 321 § 2; S. 322 § 6; S. 328 § 5; Comm. S. 231, 232, 243, 244, 391; Weber §§ 70, 600, 601, 623, 624, 1020, 1021, 1022, 1041; Spies § 60 S. 56; § 9 S. 109; § 14 S. 112; § 24 S. 116; Roth Bd. I S. 542; Bl. f. RA. Bd. 32 S. 305 ff.

[2]) Landr. S. 222 § 5; S. 321 § 2; Comm. S. 232, 391; Weber §§ 600, 601, 1020, 1021; Spies § 9 S. 109, § 24 S. 116; Roth Bd. I S. 542.

[3]) Landr. S. 222 § 4; S. 321 § 2; Comm. S. 232; Weber §§ 600, 601, 1020, 1021; Spies § 9 S. 109, § 24 S. 116.

seitigen Erbfolge oder der Errungenschaftsgemeinschaft gelebt hat; allein es ergibt sich aus der Natur der Sache, daß die Bestimmungen über den Verlust der lucra nuptialia auch auf den Fall zn beziehen sind, wenn der wieder heirathende Ehegatte mit dem verstorbenen Ehegatten im Güterstand der allgemeinen Gütergemeinschaft gelebt hat.[1])

Fünfter Titel.

Schenkungen unter Ehegatten.

§ 39.

Das gemeinrechtliche Verbot der Schenkungen unter Ehegatten ist beseitigt.

Zur Giltigkeit einer Schenkung unter Ehegatten wird, wenn sie das standes- und ortsübliche Maß übersteigt, erfordert, daß sie schriftlich errichtet, und von dem Schenker oder falls er schreibensunkundig ist, von einem Dritten in seinem Namen unterschrieben wird.

Beim Güterstand der allgemeinen Gütergemeinschaft haften solche Schenkungen, wenn sie aus dem gemeinschaftlichen Vermögen erfolgen, den Gläubigern der Eheleute wie das gemeinschaftliche Vermögen.[2])

[1]) Weber § 350 A. d.

[2]) Landr. S. 182 § 13; Comm. S. 166—169; Weber §§ 69, 70, 71, 334, 350, 448, 449, 450, 451, 452; Spies § 63 S. 58, § 71 S. 63. Roth Bd. I S. 399 A. 41.

Die Schenkungen unter Ehegatten sind jeder Zeit widerruflich[1]); es kann daher der Beschenkte bei Lebzeiten des Schenkers weder unter Lebenden noch von Todeswegen über das Geschenk verfügen.[2])

Sechster Titel.

Ehescheidungsstrafen.

§ 40.

Bezüglich der Ehescheidungsstrafen gelten folgende vom gemeinen Recht abweichende Bestimmungen:

1. Wird die Ehe, in welcher der Güterstand der allgemeinen Gütergemeinschaft besteht, dem Bande nach getrennt, so kommen die gemeinrechtlichen Ehescheidungsstrafen nur dann zur Anwendung, wenn die allgemeine Gütergemeinschaft vom Zeitpunkte der Einführung an (ex tunc) aufgehoben wird.[3])
2. Wird die Ehe, in welcher unvollkommen eingekindschaftete Kinder vorhanden sind, dem Bande

---

[1]) Landr. S. 182 § 14; Comm. S. 169; Weber §§ 70, 448, 452; Spies § 63 S. 58.

[2]) Landr. S. 183 § 15; Comm. S. 169; Weber §§ 70, 350, 452; Spies § 63 S. 58.

[3]) Slg. Bd. XIV S. 1 ff.

nach getrennt, so können aus dem gemeinschaftlichen Vermögen jener Ehe, aus welcher die unvollkommen eingekindschafteten Kinder stammen, keine Ehescheidungsstrafen beansprucht werden.[1])

[1]) Landr. S. 294 § 1; Comm. S. 345; Weber §§ 85, 894, 895, 896; Spies § 99 S. 80; s. oben § 10 a. E.

Zweiter Abschnitt.

Verhältniß zwischen Eltern und Kindern.

Erster Titel.

Rechtliche Stellung der ehelichen Kinder.

A.

Allgemeine Vorschriften.

§ 41.

1. Abstammung:

Ein Kind gilt als ehelich, wenn die Mutter des Kindes vom Tage der Geburt einschließlich rückwärts gerechnet innerhalb des 182. Tages einschließlich und des 330. Tages einschließlich in einer Ehe gelebt hat.[1])

Die aus einer ungiltigen oder nichtigen Ehe stammenden Kinder gelten als eheliche, da die Ehe bis zur Ungiltigkeits- oder Nichtigkeitserklärung die Wirkungen einer giltigen Ehe äußert, sowohl für die Eheleute als für die Kinder.[2])

---

[1]) arg. Pflaum Entw. S. 204 § 219; Weber § 1070; Spies § 5 S. 176.

[2]) Landr. S. 336, 337 §§ 3, 4, 7, 9; Comm. S. 412, 413, 417, 418; Weber §§ 1055, 1060; Spies § 1 S. 175.

Heirathet die Mutter eines unehelichen Kindes den natürlichen Vater desselben, so gilt es vom Zeitpunkte der Geburt an als ehelich.[1])

2. Verpflichtung zur Ehrerbietung:

Die Kinder sind den Eltern gegenüber zur Ehrerbietung, zu Gehorsam in allen billigen Dingen, zu möglichster Beistandsleistung verpflichtet.[2])

Aus dieser Verpflichtung der Kinder folgt insbesondere

a) das Recht der Zustimmung der Eltern zum Verlöbniß und zur Eheschließung der Kinder;[3])

b) daß Eheverträge minderjähriger Hauskinder erst durch Zustimmung der Eltern oder durch Genehmigung des volljährig gewordenen Hauskindes perfekt werden.[4])

3. Alimentationspflicht:

Eltern und Kinder sind gegenseitig alimentationspflichtig.[5])

---

[1]) Landr. S. 343 § 10; Comm. S. 422, 423; Weber §§ 1094—1098; Spies § 10 S. 178.

[2]) Landr. S. 15 § 1; Spies §§ 1, 2 S. 87; Roth Bd. I S. 574.

[3]) s. oben §§ 1, 2.

[4]) Landr. S. 20, 21 §§ 2, 3, 4; S. 163 § 1; Comm. S. 11; Weber §§ 28, 29, 316 ff; Spies § 7 S. 33, 34; § 66 S. 61, § 68 S. 62; Roth Bd. I S. 586; Bl. f. R.A. Bd. 30 S. 343.

[5]) Landr. S. 15 § 1; Weber § 136; Spies § 1 S. 87; Roth Bd. I S. 575.

Aus der Alimentationspflicht der Eltern gegenüber ihren Kindern entspringt auch die Verpflichtung der ersteren, die Kinder auszusteuern und auszustatten. Hierüber gelten folgende Bestimmungen:

a) Die unter elterlicher Gewalt befindlichen Töchter können von ihren Eltern eine den Vermögensverhältnissen derselben entsprechende Aussteuer (Heirathgut) beanspruchen, wenn sie sich auf untadelhafte Weise oder mit Zustimmung ihrer Eltern verehelichen und weder sie selbst, noch ihre Ehemänner die Mittel zum standesmäßigen Unterhalt besitzen.[1])

b) Eingekindschaftete unter elterlicher Gewalt befindliche Töchter können von ihren Eltern eine den Vermögensverhältnissen derselben entsprechende Aussteuer beanspruchen, wenn sie sich auf untadelhafte Weise oder mit Zustimmung der Eltern verehelichen.[2])

c) Die unter elterlicher Gewalt befindlichen Töchter können von ihren Eltern die ortsübliche und den elterlichen Vermögensverhältnissen entsprechende Ausfertigung (Ausstattung) beanspruchen,

---

[1]) Landr. S. 11 § 10; S. 21 § 5; S. 270 § 10; Comm. S. 8, 12, 302; Weber §§ 52, 103, 130, 819; Spies § 34 S. 98, § 36 S. 99, § 38 S. 100.

[2]) Landr. S. 272 § 13; Comm. S. 303; Weber §§ 824, 825.

wenn sie sich auf untadelhafte Weise oder mit Zustimmung der Eltern verehelichen.[1])

d) Eingekindschaftete unter elterlicher Gewalt befindliche Söhne können von ihren Eltern die ortsübliche und den elterlichen Vermögensverhältnissen entsprechende Ausfertigung beanspruchen, wenn sie sich auf untadelhafte Weise oder mit Zustimmung der Eltern verehelichen.[2])

e) Abgetheilte Kinder können von ihren Eltern weder Aussteuer noch Ausfertigung beanspruchen.[3])

f) Die Kinder können von ihren Eltern Aussteuer und Ausfertigung beanspruchen, wenn es ihnen versprochen wurde.[4])

---

[1]) Landr. S. 10 § 6; S. 21 § 5; S. 270 § 10; S. 272 § 13; Comm. S. 7, 12, 302, 303; Weber §§ 103, 129, 819, 824, 825; Spies §§ 31, 32 S. 98, § 38 S. 100, § 36. S. 99.

[2]) Landr. S. 272 § 15; Comm. S. 304, 305, 306; Weber §§ 824, 825; Spies § 33 S. 98, § 35 S. 99.

[3]) Landr. S. 273 § 16; Comm. S. 306; Weber § 808; Spies § 37 S. 100.

[4]) Landr. S. 10, 11 §§ 6, 8, 9, 10; S. 270 § 10; S. 272 § 15; Comm. S. 7, 8, 302, 304. 305, 306; Weber §§ 52, 129, 130, 131, 819, 824, 825; Spies §§ 31, 32, 34 S. 98.

B.

Die elterliche Gewalt.

I.

Subjekt der elterlichen Gewalt.

§ 42.

1. Allgemeines:

Die elterliche Gewalt steht zunächst dem Vater, nach diesem der Mutter zu.[1]) Die Kinder werden daher nach dem Tode des Vaters nicht unter Vormundschaft gestellt, sondern die Mutter tritt zu ihnen in dasselbe Verhältnis, wie während der Dauer der Ehe der Vater.[2])

Steht der Mutter die elterliche Gewalt zu, so muß ihr ein Vormund als Gehilfe beigegeben werden, wenn es von Amtswegen für nöthig erachtet wird, oder dieselbe aus erheblichen Gründen darum nachsucht.[3])

Dem stiefelterlichen Theil steht während der Dauer der Ehe die elterliche Gewalt über die Stiefkinder in demselben Umfange zu, als wenn

---

[1]) Landr. S. 15 § 2; Comm. S. 9; Weber §§ 99, 100; Spies § 5 S. 88; Slg. Bd. VII S. 267, 636; Bl. f. RA. Bd. 44 S. 15; Roth Bd. I S. 572, S. 607 A. 6.

[2]) Roth Bd. I S. 546, 610, 611.

[3]) Landr. S. 16 § 3; Comm. S. 9; Weber § 99; Spies § 5 S. 88; Rosenkrantz § 27 A. 3.

er der rechte Elterntheil wäre.[1]) Dem verwittweten Ehegatten steht über die mit ihm durch fortgesetzte oder neuerliche Einkindschaft verbundenen Kinder die elterliche Gewalt nicht zu.[2])

2. Ehescheidung:

a) Wird die Ehe dem Bande nach getrennt und der eine Ehegatte als der alleinschuldige Theil erklärt, so steht die elterliche Gewalt über die aus der getrennten Ehe entsprossenen Kinder dem unschuldigen Ehegatten zu.[3])

b) Wird die Ehe dem Bande nach getrennt, ohne daß ein Ehegatte für den schuldigen oder für den alleinschuldigen Theil erklärt wird, so steht die elterliche Gewalt über die aus der getrennten Ehe entsprossenen Kinder dem Vater und nach diesem der Mutter zu.[4])

c) Stirbt der unschuldige geschiedene Elterntheil, so kommen die aus der getrennten Ehe vor-

---

[1]) Landr. S. 268 § 2; Comm. S. 300; Weber §§ 796, 797; Spies § 7 S. 89; Slg. Bd. IX S. 774; Rosenkrantz S. 46 A. 3.

[2]) Landr. S. 319 § 11; Comm. S. 385; Weber §§ 1012, 1013.

[3]) Landr. S. 201 § 20; S. 295 § 4; Comm. S. 197—202; 346; Weber §§ 483, 899, 900, 901, 902, 1053; Spies § 8 S. 89, § 10 S. 90; Slg. Bd. XIV S. 1 ff.

[4]) Landr. S. 201 § 21; S. 299 § 12; Comm. S. 202, 351; Weber §§ 144, 488, 489, 903; Spies § 8 S. 90, § 12 S. 91.

handenen Kinder unter die elterliche Gewalt des überlebenden alleinschuldigen Elterntheils.[1])

d) Wird die Ehe, in welcher eingekindschaftete Kinder vorhanden sind, dem Bande nach getrennt, so steht die elterliche Gewalt über die eingekindschafteten Kinder in allen Fällen dem geschiedenen leiblichen Elterntheil derselben zu.[2])

3. Ungiltigkeit und Nichtigkeit der Ehe:

Wird die Ehe für ungiltig oder nichtig erklärt, so sind die Bestimmungen, welche gelten, wenn die Ehe dem Bande nach getrennt wird, analog anzuwenden, wobei an die Stelle des schuldigen Ehegatten derjenige Ehetheil tritt, welcher bei Eingehung der Ehe von dem trennenden Ehehinderniß Kenntniß gehabt hat.[3])

II.

Objekt der elterlichen Gewalt.

§ 43.

Unter elterlicher Gewalt stehen

1. Kinder, welche minderjährig oder wegen geistigen oder körperlichen Gebrechens zur selbständigen

---

[1]) Landr. S. 298 § 10; Comm. S. 349; Weber §§ 899, 900; Spies § 11 S. 91.

[2]) Landr. S. 295 § 4; S. 298 § 11; Comm. S. 346, 350; Weber §§ 899—904; Spies § 10 S. 90, § 12 S. 91.

[3]) Landr. S. 335 ff. §§ 4 ff; Comm. S. 413 ff. Weber §§ 1049 ff.

Besorgung ihrer Angelegenheiten außer Stande sind;

2. Kinder, welche sich durch Gründung eines eigenen Haushalts vom Brode der Eltern noch nicht abgesondert haben.[1])

III.

Inhalt der elterlichen Gewalt.

1.

Erziehung der Kinder.

§ 44.

Die Eltern haben das Recht und die Pflicht, ihre Kinder in bürgerlicher und religiöser Beziehung ihren Vermögensverhältnissen entsprechend zu erziehen.[2])

Reicht der Ertrag des Vermögens der abgetheilten Kinder zu deren Erziehung und Unterhaltung nicht hin, so haben die Eltern das Fehlende beizutragen; den Hauptstock ihres Vermögens brauchen aber die Eltern zu diesem Zwecke nicht anzugreifen; mit Zustimmung des Vormundschaftsgerichtes kann

---

[1]) Landr. S. 16 § 4; Comm. S. 10; Weber § 115; Spies § 13 S. 91; Rosenkranz S. 46 A. 3; Slg. Bd. 15 S. 418; Bl. f. RA. Bd. 60 S. 230; Seuff. Archiv Bd. 2 S. 311, Bd. 3 S. 450; Bd. 5 S. 708; Bd. 7 S. 264; Bd. 12 S. 282; Bd. 14 S. 601; Bd. 26 S. 120; Bd. 28 S. 600; Bd. 32 S. 181; Bd. 39 S. 178.

[2]) Landr. S. 15 § 1; S. 131 § 4; Comm. S. 104; Weber §§ 127, 800; Spies § 2 S. 87; Roth Bd. I S. 572.

vielmehr zu diesem Zwecke das Sondermögen der abgetheilten Kinder angegriffen werden.[1])

2.

Verwaltung und Nutznießung des Sondervermögens der Kinder.

§ 45.

1. Die Eltern haben das Recht und die Pflicht, das Sondervermögen ihrer Kinder zu verwalten.[2])

Sie haben das Recht der Nutznießung am gesammten Vermögen ihrer Kinder.[3])

Dem Stiefvater steht die Verwaltung und Nutznießung des Sondervermögens seiner Stiefkinder nur dann zu, wenn er mit der leiblichen Mutter derselben in allgemeiner Gütergemeinschaft lebt.[4])

Dem verwittweten stiefelterlichen Theil steht am Sondervermögen seiner Stiefkinder kein Verwaltungs- und Nutznießungsrecht zu.[5])

---

[1]) Landr. S. 131 § 6; Comm. S. 108. 109; Weber § 802; Spies § 4 S. 87.

[2]) Landr. S. 16 § 5; S. 131 § 4; Comm. S. 102; Weber §§ 106, 800; Spies § 16 S. 93; Roth Bd. I S. 598, 601.

[3]) Landr. S. 17 § 6; S. 131 §§ 4, 5; Comm. S. 10, 102—108; Weber §§ 107, 108, 801; Spies § 24 S. 95; Roth Bd. I S. 598, 603; Slg. Bd. X S. 225; Bl. f. RA. Bd. 49 S. 124; 9. Erg. Bd. S. 1.

[4]) Landr. S. 268 §§ 3, 4; Comm. S. 301; Weber §§ 817, 818, 820; Spies § 17 S. 93.

[5]) Landr. S. 318 § 7; Comm. S. 383; Weber §§ 1004, 1005; Bl. f. RA. Bd. 20 S. 365; Rosenkrantz S. 46 A. 3.

Dem verwittweten Elterntheil steht die Verwaltung und Nutznießung des Sondervermögens der mit ihm durch fortgesetzte oder neuerliche Einkindschaft verbundenen Stiefkinder nicht zu.[1])

2. Das elterliche Nutznießungsrecht umfaßt das gesammte Sondervermögen der Kinder, mag nun dasselbe peculium profectitium, adventitium, castrense, quasicastrense sein; diese gemeinrechtlichen Unterscheidungen sind, was das elterliche Nutznießungsrecht anlangt, aufgehoben und gilt das gesammte Sondervermögen der Kinder, soweit das elterliche Nutznießungsrecht in Betracht kommt, als reguläres Adventizgut.[2])

3. Die Eltern haften bei Verwaltung des Sondervermögens der Kinder für omnis diligentia (diligentia quam suis). Immobilien dürfen sie nur mit Zustimmung des Vormundschaftsgerichtes veräußern.[3])

Die Eltern sind bezüglich der Verwaltung des Sondervermögens ihrer Kinder von der Kautionsleistung befreit; das Vermögen der abgetheilten Kinder haben sie aber gesondert von dem ihrigen zu verwalten und alljährlich beim Vormundschafts-

---

[1]) Landr. S. 319 § 11; Comm. S. 385; Weber §§ 1012, 1013.

[2]) Landr. S. 17 §§ 5, 6; Weber § 108; Spies § 24 S. 95; Roth Bd. I S. 590 A. 1.

[3]) Landr. S. 16 § 5; S. 131 § 4; Comm. S. 102; Weber §§ 106, 800; Spies § 16 S. 93; Slg. Bd. 10 S. 225; Bl. f. RA. 9. Erg. Bd. S. 1; Bd. 49 S. 124; Roth Bd. I S. 598, 601.

gerichte Rechnung zu stellen.[1]) Bei Grundtheilung zwischen Eltern und minderjährigen Kindern ist über letztere Spezialkuratel einzuleiten und hat das Vormundschaftsgericht dafür zu sorgen, daß die Kapitalien der abgetheilten Kinder mit pupillarischer Sicherheit angelegt werden.[2])

Erlangt im Falle der Ehescheidung auf Ableben des unschuldigen Elternteils der überlebende schuldige Elternteil die Verwaltung des Sondervermögens der aus der getrennten Ehe vorhandenen Kinder, so gelten für ihn dieselben Vorschriften, welche für Eltern gegeben sind, denen die Verwaltung und Nutznießung des Sondervermögens ihrer abgetheilten Kinder zusteht.[3])

Befindet sich das Sondervermögen der unabgetheilten Kinder bei den Eltern in großer Unsicherheit, so ist Spezialkuratel einzuleiten:

die Eltern haben bezüglich des in ihrer Verwaltung befindlichen Sondervermögens der Kinder ein Inventar zu errichten und alljährlich

---

[1]) Landr. S. 132 § 8; Comm. S. 109, 110; Weber §§ 805, 806; Spies § 20 S. 94; Rosenkrantz S. 46 A. 3, S. 54 A. 2; Roth Bd. I S. 601.

[2]) Landr. S. 133 § 9; Comm. S. 110; Weber § 688; Spies § 21 S. 94.

[3]) Landr. S. 298 § 10; Comm. S. 349; Weber § 899, 900; Spies § 11 S. 91.

Rechnung zu stellen; die Kapitalien sind mit pupillarischer Sicherheit anzulegen.[1])

4. Das elterliche Verwaltungs- und Nutznießungsrecht endigt:

a) Durch Entziehung.

Die Entziehuug erfolgt durch das Vormundschaftsgericht.[2])

Als Gründe der Entziehung sind besonders zu nennen:

wenn die Eltern bei Verwaltung des Kindervermögens die vorgeschriebene Sorgfalt vernachläßigen;

wenn sie den Anordnungen des Vormundschaftsgerichts nicht nachkommen.[3])

Die Entziehung kann das Verwaltungs- und Nutznießungsrecht umfassen oder nur das eine oder andere von beiden.

b) Wenn eingekindschaftete Kinder wegen Verschwendung der Eltern von letzteren abgetheilt werden, so verlieren die Eltern die Verwaltung

---

[1]) Landr. S. 17 § 7; S. 18 § 8 Comm. S. 10; Weber § 110; Spies § 19 S. 93; § 21 S. 94; Slg. Bd. 9 S. 774; Bd. 10 S. 400; Beschluß des k. Landgerichts Bamberg v. 18 VI. 1894, Beschw. Reg. Nr. 29; Roth Bd. I S. 601.

[2]) Landr. S. 134 § 12; Com. S. 111; Weber § 809; Spies § 27 S. 96; Rosenkrantz S. 46 A. 3, S. 54 A. 2; Roth Bd. I S. 598, 603.

[3]) Landr. S. 19 § 12; Weber § 111; Spies § 27 S. 96; Rosenkrantz S. 57, S. 160 A. 15.

und Nutznießung des Sondervermögens der abgetheilten Kinder.[1])

c) Durch Beendigung der elterlichen Gewalt.[2])

5. Nach Beendigung des elterlichen Verwaltungs- und Nutznießungsrechtes haben die Eltern das Sondervermögen der Kinder herauszugeben; befinden sich aber die Eltern in großer Noth, so dürfen sie das zu ihrem Unterhalt Erforderliche zurückbehalten; haben die Eltern das unbewegliche Vermögen der Kinder dauernd verbessert, so dürfen sie die hiefür gemachten Auslagen in Abzug bringen.[3])

Ob die Eltern sonstige Auf- und Abrechungen machen dürfen, ist nach den Umständen des einzelnen Falles zu beurtheilen.[4])

Verehelicht sich eine minderjährige Haustochter und tritt hiedurch aus der elterlichen Gewalt, so kann sie die Herausgabe ihres Sondervermögens nur verlangen, um dasselbe durch ihren Ehemann verwalten zu lassen; anderen Falls können die Eltern beim Vormundschaftsgericht in guter Absicht

---

[1]) Landr. S. 305 § 10, Comm. S. 363; Weber §§ 941, 942; Spies § 49 S. 104.

[2]) Landr. S. 132 § 7; S. 270 §§ 6, 7, 8, 9; Comm. S. 109, 301, 302; Weber §§ 798, 799, 801; Spies § 24 S. 95, § 28 S. 96, 97, § 36 S. 46, § 62 S. 57.

[3]) Landr. S. 23 §§ 11, 12; Weber § 117; Spies § 30 S. 97; Roth Bd. I S. 602.

[4]) Landr. S. 24 § 13; Weber § 117; Spies § 30 S. 97.

den Antrag stellen, daß das Sondervermögen der Haustochter durch einen Spezialkurator verwaltet werde; erachtet das Vormundschaftsgericht als angezeigt, Spezialkuratel einzuleiten, so sind zur Uebernahme dieser Spezialkuratel zunächst die Eltern berufen; (die Nutznießung der Eltern am Vermögen der Haustochter fällt aber weg).[1])

Verehelicht sich ein minderjähriger Haussohn ohne Zustimmung der Eltern und tritt derselbe durch die Verehelichung aus der elterlichen Gewalt, so können die Eltern in guter Absicht beim Vormundschaftsgericht den Antrag stellen, daß das Sondervermögen des Haussohnes durch einen Spezialkurator verwaltet werde; erachtet das Vormundschaftsgericht als angezeigt, Spezialkuratel einzuleiten, so sind zur Uebernahme derselben zunächst die Eltern berufen; (die Nutznießung der Eltern am Vermögen des Haussohnes fällt aber weg.[2])

IV.

Beendigung der elterlichen Gewalt.

§ 46.

Die elterliche Gewalt wird beendigt:

1. wenn sich ein Hauskind durch Gründung eines

[1]) Landr. S. 25 §§ 16, 17; Weber § 119.

[2]) Landr. S. 24 §§ 14, 15; Comm. S. 12; Weber § 118; Spies § 18 S. 93.

eigenen Haushalts vom Brode der Eltern absondert.

Gründung eines eigenen Haushalts und Absonderung vom Brode der Eltern kann insbesondere erfolgen durch Verehelichung, Eintritt in ein Kloster, Erlangung einer sicheren Lebensstellung u. s. w.

2. wenn ein Hauskind von seinen Eltern aus der elterlichen Gewalt entlassen wird. (Emancipation.)

Die Emancipation kann insbesondere aus denselben Gründen erfolgen, aus denen sich ein Hauskind vom Brode der Eltern absondern kann.[1])

3. wenn den Eltern die elterliche Gewalt durch das Vormundschaftsgericht entzogen wird; vor der Entziehung sind die Eltern zu verwarnen;[2])

4. wenn sich die Eltern der elterlichen Gewalt über ihre abgetheilten Kinder begeben; dieß kann aber nur aus erheblichen Gründen geschehen.[3])

5. wenn der leibliche Elterntheil der Kinder stirbt, so erlischt dadurch die elterliche Gewalt, welche

---

[1]) Landr. S. 20—22 §§ 1, 6—10; Comm. S. 11, 12, 13, 14; Weber §§ 116, 118; Spies § 14 S. 91, 92; § 13 S. 91; Slg. Bd. 7 S. 268; Roth Bd. I S. 611 ff.

[2]) Landr. S. 130 § 2, S. 269 § 5; Comm. S. 102, 301; Weber §§ 798, 799, 800; Spies § 6 S. 89, § 27 S. 96; Roth Bd. I S. 590, 583, 611.

[3]) Landr. S. 130 § 2; Comm. S. 102; Weber § 800; Spies § 6 S. 89.

während der Ehe dem stiefelelterlichen Theil über dieselben zustand.[1])

Durch Grundtheilung wird die elterliche Gewalt nicht beendigt.[2])

Zweiter Titel.

Rechtliche Stellung der unehelichen Kinder.

A.

Allgemeine Bestimmungen.

§ 47.

1. Für die rechtliche Stellung eines unehelichen Kindes ist die Art der Erzeugung desselben (incestuosi, adulterini u. s. w.) ohne Belang.[3])

Heirathen sich die Eltern eines unehelichen Kindes, so gilt dasselbe von dem Zeitpunkte der Geburt an als ehelich und kann gegen den ehelichen Güterstand, den die Eltern wählen, keine Erinnerung machen.[4])

---

[1]) Landr. S. 318 § 7; Comm. S. 383; Weber §§ 1004, 1005; Spies § 14 S. 92; Bl. f. RA. Bd. 20 S. 365; Rosenkrantz S. 46 A. 3.

[2]) Landr. S. 130 § 1; Comm. S. 101; Weber § 800; Spies § 6 S. 89, § 13 S. 91.

[3]) Verordnung v. 16/VI 1795; Bl. f. RA. 1. Erg. Bd. S. 186.

[4]) Landr. S. 343 § 10; Comm. S. 422, 423; Weber §§ 1094, 1095; 1097; Spies § 10 S. 177.

Uneheliche Kinder können nicht eingekindschaftet werden.[1])

2. Alimentation unehelicher Kinder:

Zur Alimentation eines unehelichen Kindes sind der Reihe nach verpflichtet:

1. der Kindsvater und dessen Erben,
2. die Kindsmutter,
3. die Eltern des Kindsvaters und der Kindsmutter gemeinschaftlich,
4. die Eltern des Kindsvaters oder der Kindsmutter allein.

Die Alimentationspflicht dauert bis zum zurückgelegten 14. Lebensjahre des Kindes und darüber hinaus, wenn dasselbe wegen geistigen oder körperlichen Gebrechens außer Stande ist, sich selbst zu ernähren.

Für die Höhe der Alimente ist zunächst maßgebend das Uebereinkommen; dieses darf aber nicht zum Nachtheil des Kindes gereichen und bleibt daher der Verpflichtete zur Alimentation verbunden, soweit die durch das Uebereinkommen festgesetzten Alimente nicht ausreichen.

Wird ein Alimentenvergleich in der Weise abgeschlossen, daß der Verpflichtete für die Verpflegung des Kindes eine Abfindungssumme bezahlt, so findet auf Ableben des Kindes eine verhältnißmäßige Rückzahlung nur dann statt,

---

¹) Slg. Bd. III S. 447; Bl. f. RA. Bd. XV S. 71, Bd. 38 S. 78; Seuff. Archiv Bd. 32 S. 183.

wenn dieß bei Abschluß des Vergleichs vereinbart wurde.

In Ermangelung eines Uebereinkommens wird die Höhe der Alimente durch richterliches Ermessen festgesetzt; hiebei kommt in Betracht der Stand des Kindes und der Kindsmutter, die Vermögensverhältnisse des Verpflichteten, das Herkommen u. s. w.

Die Alimente umfassen:

Die Kindbett-, Tauf-, Erziehungs- und Beerdigungskosten, sowie die Kosten der Vorbildung zu einem Berufe. Zur Zahlung dieser letzteren Kosten bleibt der Verpflichtete auch nach zurückgelegtem 14. Lebensjahre des Kindes noch verbunden.

Der natürliche Vater des Kindes hat von den Alimenten nur den auf ihn treffenden Antheil zu bezahlen, wenn die Kindsmutter während der kritischen Zeit mit mehreren Mannspersonen den Beischlaf vollzogen hat und diese anwesend und vermögend sind.[1])

B.

Rechtsverhältniß zur Mutter.

§ 48.

1. In der mütterlichen Familie ist das uneheliche Kind Notherbe seiner Ascendenten, soweit letztere

---

[1]) Pflaum, Entwurf S. 204 § 219; Weber §§ 1071—1075; Spies §§ 2, 3—8 S. 175—177; Slg. Bd. III S. 442; Rosenkrantz S. 182 A. 10; Roth Bd. I S. 624—627.

nicht in allgemeiner Gütergemeinschaft leben (sei es mit dem Ehegatten, oder in fortgesetzter Gütergemeinschaft).[1])

2. Heirathet die Mutter eines unehelichen Kindes, welche unabgetheilte eheliche Kinder nicht besitzt, einen Anderen als den natürlichen Vater des Kindes, so ist das Kind von dem Vermögen der Mutter mit dem Pflichttheil nach gemeinem Recht (s. unten § 69) abzutheilen, wenn in der beabsichtigten Ehe der Güterstand der allgemeinen Gütergemeinschaft eingeführt werden soll und wenn die Mutter oder das Kind diese Abtheilung (Grundtheilung) verlangen.

Heirathet die Mutter eines unehelichen Kindes, welche aus voriger Ehe, in der sie außer Gütergemeinschaft lebte, unabgetheilte Kinder hat, einen anderen als den natürlichen Vater ihres unehelichen Kindes, so ist das Kind vom Vermögen der Mutter mit dem Pflichttheil nach gemeinem Recht (s. unten § 69) abzutheilen, wenn in der beabsichtigten Ehe der Güterstand der allgemeinen Gütergemeinschaft eingeführt werden soll, und wenn die Mutter oder das Kind diese Grundtheilung verlangen.[2])

---

[1]) Landr. S. 339 ff. §§ 1, 4, 5, 8; Comm. S. 419, 421, 422; Weber §§ 1079, 1080, 1081, 1087, 1089; Spies § 11, S. 178, § 12 S. 178; Roth Bd. I S. 618; Bd. III S. 532, 598.

[2]) Landr. S. 340 § 2; Comm. S. 419; Weber §§ 1082, 1083, 1084; Spies § 13 S. 178.

Bei Feststellung des dem unehelichen Kinde gebührenden Pflichttheils kommt der Ehegewinn (lucra nuptialia) nicht in Betracht, auch wenn die wieder heirathende Mutter des unehelichen Kindes denselben nicht an ihre Kinder aus voriger Ehe verliert.[1])

3. Heirathet die Mutter eines unehelichen Kindes welche aus voriger Ehe, in welcher sie in allgemeiner Gütergemeinschaft lebte, unabgetheilte Kinder hat, einen Anderen als den natürlichen Vater des Kindes, so hat letzteres keinen Anspruch auf das gemeinschaftliche Vermögen, bleibt aber Notherbe seiner Mutter bezüglich des Vermögens, welches dieselbe als Alleineigenthum besitzt oder erwirbt.[2])

4. Wird das uneheliche Kind vom Vermögen seiner Mutter bei deren Verehelichung abgetheilt, so muß sich das uneheliche Kind den Anspruch auf die Erbschaft der noch lebenden Großmutter vorbehalten; fällt dann diese Erbschaft der Mutter des unehelichen Kindes an, so kann letzteres, wenn die Großmutter zur Zeit des Erbanfalls außer Gütergemeinschaft gelebt hat, von seiner Mutter Nachtheilung verlangen und zwar, wenn die Mutter des unehelichen Kindes in allgemeiner

---

[1]) Landr. S. 340 § 3; Comm. S. 420; Weber §§ 1085, 1086; Spies § 9 S. 177, § 14 S. 179.

[2]) Landr. S. 340 § 4; Comm. S. 420; Weber § 1087; Spies § 12 S. 178; Slg. Bd. IX S. 299.

Gütergemeinschaft lebt, sofort, anderen Falls erst, wenn die Erbschaft der Mutter des unehelichen Kindes anfällt.[1])

5. Verehelicht sich die Großmutter eines unehelichen Kindes, welche unabgetheilte eheliche Kinder nicht besitzt, nach dem Tode der Mutter des unehelichen Kindes, so ist letzteres mit dem Pflichttheil nach gem. Recht (s. unten § 69) vom Vermögen der Großmutter abzutheilen, wenn in der beabsichtigten Ehe der Güterstand der allgemeinen Gütergemeinschaft eingeführt werden soll und wenn die Großmutter oder das Kind diese Abtheilung (Grundtheilung) verlangen.

Verehelicht sich die Großmutter eines unehelichen Kindes, welche aus voriger Ehe, in welcher sie außer Gütergemeinschaft lebte, unabgetheilte Kinder hat, nach dem Ableben der Mutter des unehelichen Kindes, so ist das Kind vom Vermögen der Großmutter mit dem Pflichttheil nach gem. Recht (s. unten § 69) abzutheilen, wenn in der beabsichtigten Ehe der Güterstand der allgemeinen Gütergemeinschaft eingeführt werden soll und wenn die Großmutter oder das Kind diese Theilung (Grundtheilung) verlangen.

Bei Feststellung des dem unehelichen Kinde gebührenden Pflichttheils kommt der Ehegewinn

---

[1]) Landr. S. 341 § 7; Comm. S. 421, 422; Weber §§ 1090—1093; Spies § 15 S. 179.

(lucra nuptialia) nicht in Betracht, auch wenn die Großmutter denselben nicht an ihre Kinder aus voriger Ehe verliert.[1])

C.

Rechtsverhältniß zum Vater.

§ 49.

Wer vom Tage der Geburt eines Kindes einschließlich rückwärts gerechnet innerhalb des 182. Tages einschließlich und des 330. Tages einschließlich mit der Mutter des Kindes den Beischlaf vollzogen hat, gilt als Vater des Kindes.[2])

Bezüglich des Erbrechts, welches dem unehelichen Kinde gegenüber seinem Erzeuger zusteht, gilt das gemeine Recht.[3])

Heirathet die Mutter eines unehelichen Kindes den natürlichen Vater desselben und ist das Kind vom Vermögen seiner Mutter bereits abgetheilt, so ist dasselbe nunmehr auch vom Vermögen seines natürlichen Vaters mit dem Pflichttheil nach gemeinem Recht (s. unten § 69) abzutheilen, wenn in der beabsichtigten Ehe der Güterstand der allgemeinen Gütergemeinschaft

---

[1]) Landr. S. 341 § 6; Comm. S. 421; Weber § 1088; Spies § 12 S. 178.

[2]) Pflaum, Entwurf S. 204 § 219; Weber § 1070; Spies § 5 S. 176; Slg. Bd. 3 S. 442; Rosenkranz S. 182 A. 10.

[3]) Landr. S. 339 § 1; Verordnung v. 27/VI 1795; Weber § 1078; Roth Bd. I S. 628 A. 23, Bd. III S. 599.

eingeführt werden soll.[1]) Bei Feststellung des dem unehelichen Kinde gegenüber seinem natürlichen Vater gebührenden Pflichttheils kommen die lucra nuptialia nicht in Betracht, auch wenn der natürliche Vater des unehelichen Kindes dieselben nicht an seine Kinder aus voriger Ehe verliert.[2])

D.

Anhang.

Die Ansprüche geschwächter Frauenspersonen.

§ 50.

1. Die Geschwächte hat gegen den Verführer Anspruch auf Ehelichung oder Dotation (Genugthuung). Die Höhe der Dotation, welche die Geschwächte beanspruchen kann, beträgt 5 % des Vermögens des Verführers.

   Der Anspruch auf Dotation steht der Geschwächten auch gegen die Erben des Verführers zu.[3])
2. Der Anspruch auf Ehelichung oder Dotation fällt weg:
   a) bei Personen von unsittlichem Lebenswandel;
   b) durch Verehelichung der Geschwächten vor der gerichtlichen Entscheidung über den Anspruch;

---

[1]) Landr. S. 343 § 11; Comm. S. 423, 424; Weber §§ 1095, 1097; Spies § 10 S. 178.

[2]) Landr. S. 343 § 12; Comm. S. 424; Weber § 1096.

[3]) Pflaum, Entwurf S. 202 § 216; Weber § 1067; Spies § 1 S. 173, § 4 S. 174, § 5 S. 175.

c) wenn die Geschwächte selbst hauptsächlich Veranlassung zum Beischlaf gegeben hat;
d) wenn die Geschwächte den Verführer trotz dessen Bereitwilligkeit nicht heirathen will;
e) wenn die Geschwächte den Verführer nicht ehelichen kann Mangels Einwilligung ihrer Eltern;
f) wenn die Geschwächte bei Gericht über die Person des Verführers abweichende Angaben macht;
g) wenn die Geschwächte von einem Ehemanne beschlafen wurde;
h) durch Verjährung, welche in 5 Jahren eintritt;[1])
i) wenn der Verführer noch unter elterlicher Gewalt oder noch unter Vormundschaft steht.[2])

3. Der Anspruch auf Dotation geht auf die Erben der Geschwächten über, wenn die zu leistende Dotation vertragsmäßig festgesetzt wurde oder die Klage auf Dotation zur Zeit des Todes der Geschwächten bereits erhoben war.[3])

---

[1]) Pflaum, Entw. S. 203 § 217; Weber § 1068; Spies § 2 S. 173.

[2]) Verordnung v. 26/VI 1796; Weber § 1069; Spies § 2 S. 173.

[3]) Pflaum, Entw. S. 204 § 218; Weber § 1067; Spies § 6 S. 175.

Dritter Abschnitt.

Vormundschaft.

Erster Titel.

Einleitung der Vormundschaft.

§ 51.

1. Voraussetzung der Einleitung:
Vormundschaft ist einzuleiten:
a) über die Minderjährigen, welche nicht unter elterlicher Gewalt stehen;
b) über jene Volljährigen, welche nicht mehr unter elterlicher Gewalt stehen, aber wegen geistigen oder körperlichen Gebrechens oder Abwesenheit außer Stande sind, ihre Angelegenheiten selbst wahrzunehmen;
c) über Personen, welche unter elterlicher Gewalt oder unter Vormundschaft stehen, wenn die Interessen dieser Personen mit denen ihrer Eltern oder Vormünder in Collision gerathen, sog. Spezialkuratelen.

Spezialkuratel ist daher unter der bezeichneten Voraussetzung einzuleiten

α) über die volljährigen unter elterlicher Gewalt stehenden Kinder, welche wegen geistigen oder körperlichen Gebrechens außer Stande sind, ihre Angelegenheiten selbst wahrzunehmen;

β) über die minderjährigen unter elterlicher Gewalt stehenden Kinder;

γ) über die unter Vormundschaft stehenden Personen;

d) über die wegen Verschwendung Entmündigten.[1]) Die Entmündigung wegen Verschwendung erfolgt:

α) wenn Jemand sein Vermögen durch Ueppigkeit und Wohlleben vergeudet;

β) wenn Jemand sein Vermögen sehr nachlässig und unachtsam verwaltet, so daß es bereits merklich verringert wurde oder in nächster Gefahr ist, verringert zu werden.

Als nachlässiger und unachtsamer Verwalter ist Jemand insbesondere zu erachten, wenn er z. B. gefährliche und ungewisse Geschäfte unternimmt oder sich in Geschäfte einläßt, zu denen er weder erzogen ist, noch die erforderliche Erfahrung besitzt.[2])

Der Entmündigung wegen Verschwendung muß vorausgehen eine gerichtliche Ermahnung

---

[1]) Landr. S. 113 §§ 2, 3; S. 115 § 8; Weber § 1102; Spies § 2 S. 21; Slg. Bd. 7 S. 636, 667; Bd. 9 S. 775; Bd. 15 S. 418 ff. Bl. f. RA. Bd. 60 S. 230 ff; Rosenkranz S. 87 A. 3; Roth Bd. I S. 584, 590.

[2]) Landr. S. 114 § 4; Weber § 1122; Spies § 2 S. 21

des zu Entmündigenden zur besseren Lebensführung und Vermögensverwaltung.[1])

2. Zuständigkeit:
Das zuständige Vormundschaftsgericht wird, soweit es sich nicht um eine Vormundschaft wegen Abwesenheit handelt, durch den Wohnsitz des Mündels bestimmt.[2])

3. Berufung zur Vormundschaft:
Die Eltern können ihren Kindern durch letztwillige Verfügung einen Vormund ernennen.[3])

Der verwittwete Elterntheil kann als Vormund seiner Stiefkinder aufgestellt werden, wenn es für letztere vortheilhaft erscheint. Der stiefelterliche Theil ist aber nicht verpflichtet, die Vormundschaft über seine Stiefkinder zu übernehmen.[4])

Nach Landrecht sind zur Uebernahme der Vormundschaft der Reihe nach berufen:

a) der Ehegatte;
die Ehefrau als Vormund muß aber volljährig sein; auch kann dieselbe die Aufstellung eines Mitvormundes verlangen;

---

[1]) Landr. S. 114 §§ 4, 5; Weber §§ 930, 1124; Bl. f. RA. Bd. 51 S. 18 ff.

[2]) Landr. S. 117 § 13; Roth Bd. I S. 634.

[3]) Landr. S. 116 § 9; Weber §§ 112, 1103; Spies § 4 S. 22; Roth Bd. I S. 590, 638.

[4]) Landr. S. 318 § 7; Comm. S. 383; Weber §§ 1004, 1005; Spies § 3 S. 22.

b) die Descendenten;
c) die Ascendenten;
d) die übrigen Verwandten nach Gradesnähe.[1])

4. Bestellung und Verpflichtung:

Der Vormund wird durch das Vormundschaftsgericht bestellt und verpflichtet.[2]) Dem Vormund wird zu seiner Legitimation ein Vormundschaftsbrief (tutorium, Bestallung) ausgefertigt.[3])

Zweiter Titel.

Rechtsverhältniß während der Dauer der Vormundschaft.

§ 52.

Der Vormund hat die unmittelbare und ordentliche Besorgung des Mündels und dessen Vermögens.[4]) Demselben ist das Mündelvermögen auszuhändigen; der Vormund hat über das Mündelvermögen ein Inventar zu errichten und über die Verwaltung alljährlich Rechnung zu stellen; zur Sicherung des in

[1]) Landr. S. 116, 117 §§ 11, 12; Comm. S. 94; Weber §§ 80, 564, 1126; Spies § 11 S. 24; § 48 S. 103; Slg. Bd. 13 S. 254.

[2]) Landr. S. 116 § 10; S. 120 § 21; Weber §§ 1104, 1105; Spies § 4 S. 22; § 8 S. 23; Roth Bd. I S. 648.

[3]) Landr. S. 120 § 21; Roth Bd. I S. 657.

[4]) Landr. S. 124 § 28; Weber § 1109; Spies § 13 S. 25; Slg. Bd. 11 S. 329, Roth Bd. I S. 635, 658.

seinen Händen befindlichen Mündelvermögens hat der Vormund eine angemessene Kaution zu bestellen.[1])

Der Vormund hat den Aufenthalt, die Unterkunft, die Art und Weise der Erziehung des Mündels unter Zustimmung des Vormundschaftsgerichtes zu bestimmen.[2])

Will ein Mündel auswandern, so ist die Genehmigung des dem Vormundschaftsgerichte vorgesetzten Landgerichts einzuholen und sind sämmtliche Gläubiger des Mündels wegzufertigen.[3])

Unbewegliche Sachen und diesen gleich geachtete Rechte kann der Vormund nur mit Zustimmung des Vormundschaftsgerichtes veräußern.[4])

Der nach § 29 des Personenstandsgesetzes vom 6/II 1875 erforderliche Ehekonsens des Vormunds bedarf der obervormundschaftlichen Genehmigung.[5])

Durch Verehelichung des Mündels wird die Vormundschaft nicht beendigt.[6])

---

[1]) Landr. S. 120 § 21; Comm. S. 96; Weber §§ 1105, 1109; Spies § 8 S. 23; § 10 S. 24; § 17 S. 26; Roth Bd. I S. 659, 661, 670.

[2]) Landr. S. 120 § 19; Comm. S. 95; Weber §§ 1111, 1112; Slg. Bd. 10 S. 193; Seuff. Archiv Bd. 31 S. 311; Roth Bd. I S. 682 ff.

[3]) Landr. S. 120 § 20; Comm. S. 96; Weber §§ 1111, 1112; Spies § 7 S. 23.

[4]) Landr. S. 124 § 29; Weber § 1109; Spies § 14 S. 25; Roth Bd. I S. 665.

[5]) Landr. S. 124 §§ 28, 30; Bl. f. RA. Bd. 51 S. 182.

[6]) Rosenkranz S. 97 A. 1.

Verehelicht sich ein Mündel männlichen Geschlechts, so ist ihm von Zeit zu Zeit aus seinem Vermögen das zum standesmäßigen Unterhalt Nothwendige zu verabfolgen; das Uebrige bleibt unter vormundschaftlicher Verwaltung.[1])

Verehelicht sich ein Mündel weiblichen Geschlechts, so ist dem Ehemann, wenn er bereits volljährig ist, aus dem Vermögen der Mündel Alles auszuhändigen, was ihm auf Grund des obervormundschaftlich genehmigten Ehevertrags gebührt; das Uebrige bleibt unter vormundschaftlicher Verwaltung.[2])

Heirathen sich zwei Mündel, so ist dem Vormund des Ehemannes aus dem Vermögen der Ehefrau dasjenige, was dem Ehemann auf Grund des obervormundschaftlich genehmigten Ehevertrags gebührt, zu verabfolgen, während das übrige Vermögen der Ehefrau, sowie das Vermögen des Ehemannes unter vormundschaftlicher Verwaltung bleiben; dem Ehemanne ist von Zeit zu Zeit aus seinem Vermögen das zum standesmäßigen Unterhalt Erforderliche auszuhändigen.[3])

---

[1]) Landr. S. 125 § 32; Comm. S. 100; Weber § 1115; Spies § 19 S. 28.

[2]) Landr. S. 125 § 31; Comm. S. 100; Weber § 1114; Spies § 19 S. 27, § 21 S. 39.

[3]) Landr. S. 126 § 33; Comm. S. 100; Weber § 1116; Spies § 19 S. 28.

Der Ehevertrag eines Mündels wird erst durch Zustimmung des Vormundschaftsgerichtes perfekt.[1])

Wird ein Ehegatte wegen Verschwendung entmündigt und der andere Ehegatte als Vormund desselben bestellt, so gelten bezüglich der Vermögensverwaltung und Rechnungsstellung folgende Bestimmungen:

1. Leben die Eheleute in allgemeiner Gütergemeinschaft, so findet keine Rechnungsstellung statt.[2])

   Ist der Ehemann entmündigt, so stehen demselben bezüglich der Zustimmung zu den Rechtsgeschäften der Ehefrau dieselben Befugnisse zu, welche der Ehefrau gegenüber dem Ehemann zustehen, wenn dieser die Verwaltung des gemeinschaftlichen Vermögens hat.[3]) Sind Kinder vorhanden, so stehen auch diesen bezüglich der Zustimmung zu den Rechtsgeschäften ihrer Mutter dieselben Befugnisse zu, wie ihrem entmündigten Vater.[4])

2. Leben die Eheleute im Güterstand der wechselseitigen Erbfolge, so findet keine Rechnungsstellung statt.

---

[1]) Landr. S. 124 § 30; S. 165 § 4; S. 164 § 2; Comm. S. 99, 144, 145; Weber §§ 30, 31, 322, 323, 324, 1113, 1127; Spies § 7 S. 33, § 68 S. 62.

[2]) Landr. S. 121 § 23; Comm. S. 97; Weber § 1129; Spies § 17 S. 26.

[3]) Landr. S. 204 § 28; Comm. S. 209; Weber §§ 430, 432; Spies § 78 S. 67.

[4]) Landr. S. 205 § 29; Comm S. 209; Weber §§ 430; Spies § 78 S. 67.

3. Leben die Eheleute im Güterstand der Errungenschaftsgemeinschaft, so ist zu unterscheiden:
   a) ist der Ehemann Vormund, so findet keine Rechnungsstellung statt;
   b) ist die Ehefrau Vormund, so ist weiter zu unterscheiden:
      α) sind Kinder vorhanden, so findet keine Rechnungsstellung statt;
      β) sind keine Kinder vorhanden, so findet bezüglich des Hauptstocks des eheherrlichen Vermögens alljährlich Rechnungsstellung statt und gelten bezüglich der Verwaltung dieses Vermögens dieselben Vorschriften, welche für die Verwaltung des Vermögens der abgetheilten Kinder durch die Eltern gelten.

      Der Ehemann kann seiner Ehefrau die Rechnungsstellung mit Zustimmung des Vormundschaftsgerichtes erlassen.
4. Leben die Eheleute im Güterstand des gemeinen Rechts, so ist zu unterscheiden:
   a) ist der Ehemann Vormund, so ist er nur bezüglich der Aussteuer der Ehefrau von der Rechnungsstellung befreit; die Ehefrau kann aber mit Zustimmung des Vormundschaftsgerichtes den Ehemann auch von der Rechnungsstellung bezüglich ihres übrigen Vermögens befreien.

b) ist die Ehefrau Vormund, so ist weiter zu unterscheiden:

α) sind Kinder vorhanden, so findet keine Rechnungsstellung statt;

β) sind keine Kinder vorhanden, so findet bezüglich des Hauptstocks des eheherrlichen Vermögens alljährlich Rechnungsstellung statt und gelten bezüglich der Verwaltung dieses Vermögens dieselben Bestimmungen, welche für die Verwaltung des Vermögens der abgetheilten Kinder durch die Eltern gelten.

Der Ehemann kann aber mit Einwilligung des Vormundschaftsgerichtes seiner Ehefrau diese Rechnungsstellung erlassen.[1])

Der Vormund kann für seine Mühewaltung eine angemessene Entschädigung verlangen, ausgenommen der Ehegatte, welcher als Vormund des anderen Ehegatten aufgestellt ist.[2])

Dritter Titel.

Beendigung der Vormundschaft.

§ 53.

Das Landrecht enthält nur folgende Bestimmung: Verehelicht sich eine wegen Verschwendung entmündigte

[1]) Landr. S. 121, 122, 123 §§ 23, 24, 25; Comm. S. 97, 98; Weber §§ 1129, 1130, 1131, 80; Spies § 17 S. 26.

[2]) Landr. S. 123, 124, §§ 26, 27; Comm. S. 98, 99; Weber §§ 80, 1117, 1118; Spies § 26 S. 31; Roth, Bd. I S. 676.

Person, so kann die Entmündigung und damit die Vormundschaft aufgehoben werden, wenn mit Rücksicht auf die Verhältnisse der einzugehenden Ehe anzunehmen ist, daß das Vermögen des Entmündigten richtig verwaltet wird.[1])

Vierter Titel.

Obervormundschaft.

§ 54.

Das Vormundschaftsgericht überwacht die Thätigkeit und Geschäftsführung des Vormunds; über die Verwaltung des Mündelvermögens hat der Vormund alljährlich Rechnung zu stellen; gewisse Geschäfte kann der Vormund nur mit Zustimmung des Vormundschaftsgerichtes vornehmen.[2])

Die unmittelbare ordentliche Besorgung des Mündels und seines Vermögens hat zwar der Vormund; dem Vormundschaftsgericht mangelt jedoch nicht die Befugniß, in einzelnen Fällen nach Gestaltung der hiebei obwaltenden besonderen Verhältnisse aus eigener Entschließung die entscheidende Anordnung zu treffen.[3])

---

[1]) Landr. S. 164 § 3; Comm. S. 144; Weber § 322; Spies § 69 S. 63.

[2]) s. oben § 52.

[3]) Landr. S. 124 § 28; Weber § 1109; Spies § 13 S. 25; Slg. Bd. 11 S. 329.

Zweites Buch.

Erbrecht.

Erster Abschnitt.

Berufung zur Erbschaft.

Erster Titel.

Berufung durch letztwillige Verfügung.

A.

Voraussetzung der letztwilligen Verfügung.

§ 55.

Zu den Voraussetzungen der Errichtung einer letztwilligen Verfügung gehört die Verfügungsfähigkeit des Erblassers.

Das Landrecht enthält folgende Beschränkungen der Verfügungsfähigkeit des Erblassers:

1. Eheleute, welche in allgemeiner Gütergemeinschaft leben, können nur mit gegenseitiger Einwilligung über das gemeinschaftliche Vermögen letzwillig verfügen.[1])

---

[1]) Landr. S. 184 § 1; Comm. S. 170; Weber § 457; Spies § 72 S. 63; Slg. Bd. V S. 543 ff; Bd. VI S. 639, 640; Roth Bd. I S. 471 A. 95, S. 525; Bd. III S. 466, 223 A. 33; S. 393 A. 9.

2. Soweit auf Grund des Güterstands der allgemeinen Gütergemeinschaft das gemeinschaftliche Vermögen den unabgetheilten, insbesondere den (vollkommen oder unvollkommen) eingekindschafteten Kindern als Pflichttheil gebührt, ist den Eltern die Befugniß, letztwillig über dasselbe zu verfügen, entzogen; in der letztwilligen Verfügung über den Rest des gemeinschaftlichen Vermögens sind sie beschränkt, indem sie Jemandem, der nicht zu ihren unabgetheilten leiblichen Kindern zählt, nur die Hälfte dieses Restes zuwenden können, soweit die Eltern nicht etwas Anderes vereinbart haben. Diese Vorschrift gilt während der Dauer der Ehe für beide Ehegatten und auf Ableben des einen Ehegatten für den überlebenden, der die allgemeine Gütergemeinschaft fortsetzt.[1])

3. Bei Schenkungen unter Ehegatten kann der Schenknehmer bei Lebzeiten des Schenkers weder unter Lebenden noch von Todeswegen über das Geschenk verfügen, da die Schenkung vom Schenker jeder Zeit widerrufen werden kann.[2])

B.

Arten der letztwilligen Verfügung.

I.

Allgemeines.

§ 56.

Das Landrecht enthält Bestimmungen:

---

[1]) s. oben § 26 A. 4.

[2]) s. oben § 39.

1. über das Testament vor dem Pfarrer und zwei Zeugen[1];
2. über das Testament der Ascendenten unter Descendenten (testamentum parentum inter liberos);[2]
3. über die Vermögensaustheilung der Ascendenten unter Descendenten (divisio parentum inter liberos);[3]
4. über den Erbvertrag.[4]

Es wird behauptet, daß in der Peter Philippinischen Verordnung vom 20. VI. 1681 noch geltende Bestimmungen enthalten seien:

1. über das Testament zu frommen Zwecken;[5]
2. über das Testament zur Pestzeit;[6]
3. über das Testament der katholischen Weltgeistlichen vor 5 Zeugen;[7]
4. über das regelmäßige Privatkodizill;[8]
5. über das Codizill zur Pestzeit.[9]

Allein im Landrecht S. 50, 51, S. 66 § 17 ist ausdrücklich ausgesprochen, daß die Verordnung vom 20 VI 1681 nur bezüglich der Testamente der Geistlichen aufrecht erhalten, in allen übrigen Punkten aber auf-

---

[1]) Landr. S. 50 ff.

[2]) Landr. S. 52 § 2;

[3]) Landr. S. 77, 78 §§ 14, 15.

[4]) Landr. S. 29 ff, S. 205 ff.

[5]) Roth, Bd. III S. 288 ff, Weber § 1191;

[6]) Roth, Bd. III S. 283 ff; Weber § 1192;

[7]) Landr. S. 50; Roth Bd. III S. 286 ff;

[8]) Roth, Bd. III S. 307; Weber § 1198.

[9]) Roth, Bd. III S. 310.

gehoben wird.[1]) Durch §§ 63, 64 des Religionsedikts vom 26. Mai 1818 wurde die Verordnung vom 20. VI 1681 auch bezüglich der Testamentserrichtung der Geistlichen aufgehoben. [2])

II.

Die einzelnen letztwilligen Verfügungen.

1.

Das Testament.

a.

Das Testament vor dem Pfarrer und zwei Zeugen.

α.

Geltung.

§ 57.

Das sogenannte Pfarrertestament ist ein Privattestament. Dieß erhellt insbesondere aus den Bestimmungen des Landrechts, daß dasselbe, wie die übrigen Privattestamente an den geistlichen Rath zur Bestätigung einzusenden war und daß dasselbe durch Uebergabe bei Gericht zu einem gerichtlichen d. h. öffentlichen Testamente gemacht werden konnte.[3])

Roth behauptet, das Pfarrertestament sei ein öffent-

---

[1]) s. auch Spies § 2 S. 2.

[2]) Weber § 1204; Spies § 1 S. 1.

[3]) Landr. S. 58. 59. §§ 3, 4;

liches Testament; die Errichtung öffentlicher Testamente könne aber seit Einführung des Notariatsgesetzes vom 10. XI. 1861 nur mehr durch die Notare geschehen und sei deshalb das sog. Pfarrertestament durch das Notariatsgesetz beseitigt.[1]) Allein unter öffentlichen Testamenten wurden stets nur die gerichtlichen Testamente verstanden; zu diesen können aber die vor Pfarrer und 2 Zeugen errichteten Testamente nicht gerechnet werden. Nur an die Stelle der gerichtlichen Testamente ist aber nunmehr das notarielle Testament getreten, während alle übrigen Testamentsformen von dem Notariatsgesetz unberührt blieben. Darnach ist das Pfarrertestament zulässig, auch wenn man dasselbe als öffentliches Testament auffaßt.[2])

Becher, Landescivilrecht S. 1185 A. 10 ist der Anschauung, das Pfarrertestament habe zwar früher als öffentliches Testament Geltung gehabt, gelte aber jetzt nurmehr als Privattestament.

In der Praxis wird das Pfarrertestament als giltiges Privattestament behandelt.

---

[1]) Hauser, Ztschr f. R. R. I S. 208—236; Roth, b. Civ. Recht Bd. III S. 248 A. 15, 16; S. 249 A. 22.

[2]) Slg. Bd. V S. 467, 468; Bd. VI S. 469; Bl. f. RA. Bd. 38 S. 490 ff; Bd. 41 S. 64, Bd. 42 S. 15; Seuff. Archiv Bd. 17 S. 298; Stenglein, Ztschr. f. G. Pr. Bd. III S. 217; Hauser, Ztschr f. RR. Bd. I S. 280.

β.

Errichtung.

§ 58.

1. Die Errichtung erfolgt vor einem katholischen Pfarrer und 2 Zeugen und zwar

a) mündlich, indem der Testator in ununterbrochener Gegenwart des Pfarrers und der Zeugen seinen letzten Willen erklärt oder

b) schriftlich, indem der Testator in ununterbrochener Gegenwart des Pfarrers und der beiden Zeugen erklärt, daß das vorgezeigte Schriftstück seinen letzten Willen enthalte und dieses Schriftstück hierauf von den Zeugen unterschrieben wird. Der Pfarrer und der Testator brauchen nicht zu unterschreiben.

Zuständig ist der Pfarrer des Wohnortes oder Aufenthaltsortes, sowie dessen Stellvertreter (Hilfs- und Aushilfsgeistliche).

Die Zeugen sind Solennitätszeugen und müssen die vom gemeinen Rechte vorgeschriebenen Eigenschaften von Testamentszeugen haben. Der Pfarrer ist nicht Testamentszeuge; bezeichnet er sich im Testamente als solchen, so schadet dieß der Giltigkeit des Testamentes nicht.[1])

---

[1]) Landr. S. 51 § 1; S. 55 §§ 8, 9; Weber §§ 1176, 1177, 1181, 1183, 1184; Spies § 4 S. 3; Slg Bd. 5 S. 469 ff; Bd. 6 S. 471; Bd. 7 S. 117; Bl. f. RA. Bd. 38 S. 491; Bd. 40 S. 202 ff; Roth Bd. III S. 248 A. 15. Nach Slg Bd. V S. 469, Bl. f. RA. Bd. 40 S. 202 sollen die beiden Zeugen nur Beweiszeugen sein, was aber unrichtig ist.

Der Pfarrer darf bei der Testamentserrichtung den Willen des Testators nicht über Gebühr beeinflussen.[1])

2. Wird das Testament mündlich errichtet, so hat der Pfarrer so bald als möglich in Gegenwart der Zeugen den letzten Willen des Testators schriftlich festzustellen, das Schriftstück den Zeugen vorzulesen, dasselbe selbst zu unterzeichnen und von den beiden Zeugen unterzeichnen zu lassen. Diese Urkunde ist aber nicht das Testament selbst, sondern hat nur den Charakter eines Beweismittels.[2])

3. Das vor dem Pfarrer und zwei Zeugen schriftlich errichtete oder in Schrift gebrachte Testament oder die über die Testamentserrichtung aufgenommene Urkunde kann der Testator dem Pfarrer zur Aufbewahrung übergeben, der dann dem Testator einen Legschein auszustellen hat.[3])

4. Der Pfarrer ist verpflichtet, Testamentsakten zu führen, in welchen anzugeben ist
   a) Datum des errichteten Testaments;
   b) die Namen der Zeugen,

---

[1]) Landr. S. 56 § 10; Weber § 1182; Spies § 6 S. 5; Bl. f. RA. Bd. 42 S. 394.

[2]) Landr. S. 56 § 11; Weber § 1185; Spies § 4 S. 3; Slg. Bd. VI S. 473; Bl. f. RA. Bd. 19 S. 315, Bd. 42 S. 16.

[3]) Landr. S. 56 § 11; Weber § 1185; Spies § 4 S. 3; Instruktion des geistl. Vikariats Bamberg v. 1/VII 1786.

c) ob der Testator das Testament bei sich behalten oder dem Pfarrer zur Aufbewahrung übergeben hat.[1])

b.

Das Testament der Ascendenten unter Descendenten.

(testamentum parentum inter liberos.)

§ 59.

Das Testament der Ascendenten unter Descendenten ist ein formloses Testament und kann errichtet werden:

1. schriftlich, durch eigenhändige Niederschrift des Testators oder wenn der Testator des Schreibens unkundig ist, dadurch, daß das Schriftstück auf Geheiß des Testators durch einen Dritten unterzeichnet wird, wobei ausdrücklich zu bemerken ist, daß der Dritte auf Geheiß des Testators unterzeichnet;
2. mündlich vor zwei Beweiszeugen.[2])

c.

Die Vermögensaustheilung der Ascendenten unter Descendenten.

(Divisio parentum inter liberos.)

§ 60.

Die Vermögensaustheilung der Ascendenten

---

[1]) Instruktion des geistl. Vikariats Bamberg v. 1/VII 1786; Weber § 1187; Spies § 5 S. 4.

[2]) Landr. S. 52 § 2; Weber §§ 1189, 1190; Spies § 2 S. 1; Roth Bd. III S. 292 ff.

unter ihren Descendenten ist nur zulässig zwischen Eltern, die in erster Ehe leben oder lebten und ihren leiblichen Kindern.[1]

Die Descendenten sind an eine solche Vermögensaustheilung nicht gebunden, soweit dadurch der Pflichttheil des einen oder anderen Kindes verletzt ist, oder soweit die Eltern über den Werth der auszutheilenden Objekte erheblich im Irrthum waren.[2]

2.

Der Erbvertrag.

a.

Der Erbeinsetzungsvertrag.

§ 61.

Erbverträge müssen, wenn sie nicht gerichtlich errichtet werden, schriftlich unter Zuziehung von zwei Zeugen errichtet, von den Parteien und von den beiden Zeugen unterzeichnet werden. An die Stelle der gerichtlichen Errichtung ist seit Einführung des Notariatsgesetzes vom 10/XI 1861 die notarielle getreten. Seit

---

[1]) Landr. S. 77 § 14; Weber §§ 123, 124; Comm. S. 50, 51.

[2]) Landr. S. 78 §§ 14, 15; Comm. S. 50, 51; Weber §§ 123, 124; Roth Bd. III S. 591.

1/VI 1890 bedürfen die Erbverträge zur ihrer Giltigkeit der notariellen Beurkundung.[1])

Dem Erbvertrag steht das korrespektive Testament gleich.[2])

Eheleute, welche in allgemeiner Gütergemeinschaft leben, sind bei Abschließung eines Erbvertrags an das Pflichttheilsrecht der Ascendenten nicht gebunden[3]); bei Einführung des Güterstands der wechselseitigen Erbfolge sind die Eheleute weder an das Pflichttheilsrecht der Ascendenten noch an das Pflichttheilsrecht der Descendenten gebunden.[4]) Im Uebrigen wird der Erbvertrag durch die Geburt eines Notherben aufgehoben; fällt der Notherbe vor dem Tode des einen Contrahenten wieder weg, so bleibt der Erbvertrag in Kraft.[5])

Hat der Vertragserbe den Contrahenten gegenüber seine Annahme erklärt, so können die Con-

---

[1]) Landr. S. 8 § 2; S. 29 § 1; S. 37 § 4; S. 146 § 3 Spies § 6 S. 33; § 105 S. 83; Roth Bd. I S. 406 A. 12, S. 407 A. 13, Bd. III S. 470. Gesetz vom 5/V 1890, Ges. u. V. Bl. S. 227.

[2]) Landr. S. 206 § 4; Weber § 573; Spies § 104 S. 83.

[3]) Landr. S. 206 § 2; Comm. S. 210—212; Weber §§ 126, 571, 576—579; Spies § 11 S. 158.

[4]) Landr. S. 30 §§ 3, 4; Comm. S. 16; Weber § 207; Spies § 5 S. 154; § 6 S. 155; § 11 S. 158; Roth Bd. III S. 530 A. 10; s. oben § 12.

[5]) Landr. S. 206 § 3; Comm. S. 212, 213; Weber §§ 574, 575; Spies § 106 S. 84; Roth Bd. III S. 520 A. 12.

trahenten den Erbvertrag nur mehr mit seiner Zustimmung widerrufen, außer in jenen Fällen, in welchen eine Schenkung wegen Undanks des Beschenkten widerrufen werden kann.[1])

Auf Ableben des einen Contrahenten wird der Erbvertrag unwiderruflich.[2])

Stirbt einer der Contrahenten, so stehen dem Vertragserben zur Sicherung seines Erbrechts folgende Befugnisse zu:

a) macht der überlebende Contrahent ohne seine Zustimmung übermäßige Schenkungen, so kann der Vertragserbe die Schenkung nach Ableben des Schenkers widerrufen; schon vor dem Ableben des Schenkers kann er von dem Beschenkten und dessen Erben verlangen, daß das Geschenkte an den Schenker zurückgegeben, oder wegen einstiger Rückgabe des Geschenkten infolge Widerrufs Sicherheit geleistet werde;

b) wegen Verschwendung des überlebenden Contrahenten kann der Vertragserbe dessen Entmündigung oder sonstige geeignete Maßregeln zum Schutze seines Erbrechts beantragen.[3])

---

[1]) Landr. S. 207 § 5; Comm. S. 213; Weber § 580; Spies § 107 S. 84; Slg. Bd. V S. 711 ff; Roth Bd. III S. 471 A. 6.

[2]) Laudr. S. 208 § 7; Weber § 587; Roth Bd. III S. 471 A. 7.

[3]) Landr. S. 209 § 10; Comm. S. 216; Weber §§ 592, 595, 596; Spies § 112 S. 86.

Der Vertragserbe erwirbt die Erbschaft erst durch Antretung derselben.[1])

Stirbt der Vertragserbe vor dem Anfall oder vor dem Antritt der Erbschaft, so vererbt er sein Recht aus dem Erbvertrag auf seine Descendenten.[2])

Bezüglich der Erbverträge, durch welche der Güterstand der wechselseitigen Erbfolge eingeführt wird, s. oben § 11.

b.

Die Einkindschaft.[3])

α.

Begriff.

§ 62.

Der verwittwete Ehegatte, welcher in fortgesetzter allgemeiner Gütergemeinschaft lebt, hat bei der Wiederverehelichung mit seinen erstehelichen Kindern Ver-

---

[1]) Landr. S. 209 § 10; Comm. S. 216; Weber § 595; Spies § 112 S. 86; Seuff. Archiv Bd. 37 S. 69

[2]) Landr. S. 209 § 11; Comm. S. 216, 217; Weber §§ 597, 598; Spies § 112 S. 86; § 113 S. 86; Bl. f. RA. Bd. 23 S. 59; Bd. 32 S. 269; Roth Bd. III S. 481 A. 43.

[3]) Die Lehre von der Einkindschaft gehört nicht in das Familienrecht, sondern in das Erbrecht, da durch die Einkindschaft lediglich erbrechtliche Verhältnisse vertragsmäßig geregelt werden; die Einkindschaft kann allerdings auch stillschweigend eintreten; allein dieß wird vom Landrechte als stillschweigender Vertrag aufgefaßt, s. oben § 17. Durch die Einkindschaft wird keine elterliche Gewalt begründet s. oben § 42.

mögensauseinandersetzung zu pflegen, wenn in der neuen Ehe der Güterstand der allgemeinen Gütergemeinschaft oder des gemeinen Rechts eingeführt werden soll. Diese Vermögensauseinandersetzung kann durch Grundtheilung oder Einkindschaft erfolgen, ausnahmsweise auch durch Herausgabe des Ehe-Einbringens des verstorbenen Ehegatten an die Kinder.[1])

Während durch Grundtheilung den Kindern sofort der ganze Pflichttheil zugewendet wird, verfolgt die Einkindschaft vielmehr den Zweck, die Grundtheilung zu vermeiden, und doch zu verhüten, daß durch die Wiederverehelichung der Pflichttheil der Kinder geschmälert wird. Dieser Zweck wird dadurch erreicht, daß die Schmälerung, welche der Pflichttheil der Kinder durch die Wiederverehelichung ihres verwittweten Elterntheils erleidet, durch Bestellung eines „Voraus“ ausgeglichen und das Recht auf den restigen Pflichttheil vertragsmäßig gesichert wird.[2])

Man unterscheidet:

a) Vollkommene Einkindschaft, wenn in der neuen Ehe der Güterstand der allgemeinen Gütergemeinschaft eingeführt wird;[3])

---

[1]) s. oben §§ 7, 19; Roth Bd. I S. 559.

[2]) Landr. S. 80, 81 §§ 5, 7; Seuff. Archiv Bd. 37 S. 324; Bd. 38 S. 415.

[3]) Landr. S. 236—240 §§ 10—23; S. 256 § 1; Comm. S. 283; Weber §§ 703, 704; Spies § 40 S. 127.

b) Unvollkommene Einkindschaft, wenn in der neuen Ehe der Güterstand des gem. Rechts eingeführt wird.[1])

β.

Eingehung.

§ 63.

1. Eingehung durch Vertrag.[2])

Der Einkindschaftsvertrag kommt nur in Verbindung mit einem Ehevertrag vor und muß daher in der für Eheverträge vorgeschriebenen Form errichtet werden.[3])

Als Vertragschließende kommen in Betracht

a) bei der vollkommenen Einkindschaft:
die Brautleute einerseits, die mit dem wieder heirathenden Elterntheil durch fortgesetzte Gütergemeinschaft verbundenen Kinder andererseits;

b) bei der unvollkommenen Einkindschaft:
der wieder heirathende Elterntheil einerseits, die mit ihm durch fortgesetzte Gütergemeinschaft verbundenen Kinder andererseits.

Sind sämmtliche ersteheliche Kinder des wieder heirathenden Ehegatten bereits volljährig, so kann

---

[1]) Landr. S. 234 § 6; Comm. S. 249; Weber §§ 632, 700, 701, 702, 924, 925; Bl. f. RA. Bd. 5 S. 105.

[2]) Roth Bd. I S. 562.

[3]) s. oben § 5.

mit deren Zustimmung die vollkommene Einkindschaft auch unter der aufschiebenden Bedingung eingeführt werden, daß die Ehe Jahr und Tag gedauert hat.[1])

Die Einkindschaft kann unter der auflösenden Bedingung, daß sie wieder aufgehoben sein soll, wenn in der Ehe lebende Kinder nicht geboren werden, nicht eingegangen werden.[2])

Grundtheilung statt Einkindschaftung können nur die Kinder verlangen, und auch diese nur, wenn durch die Wiederverehelichung des verwittweten Elterntheils ihr Pflichttheil in Gefahr ist, ganz oder theilweise zu Verlust zu gehen. Zulässig ist es auch, daß ein Theil der Kinder abgetheilt, ein anderer eingekindschaftet wird.[3])

Stellt sich heraus, daß der zu bestellende Voraus mehr als die Hälfte des Pflichttheils beträgt, den die einzukindschaftenden Kinder im Falle der Grundtheilung erhalten würden, so

---

[1]) Landr. S. 257 § 2; Comm. S. 284; Weber § 710; Spies § 65 S. 60; § 43 S. 129; Roth Bd. I S. 566 A. 38.

[2]) Landr. S. 257 § 4; Comm. S. 284, 285; Weber §§ 712, 713; Spies § 65 S. 61; § 43 S. 129; Bl. f. RA. Bd. IV S. 231; Roth Bd. I S. 567.

[3]) Landr. S. 238 §§ 16, 17; Comm. S. 253; Weber §§ 657, 658, 659, 660; Spies § 35 S. 123, 124; Bl. f. RA. Bd. V S. 99, 123.

können dieselben verlangen, daß sie nicht eingekindschaftet, sondern abgetheilt werden.[1])

Uneheliche, durch Reskript legitimirte, vollkommen adoptirte, unvollkommen adoptirte und arrogirte Kinder können nicht eingekindschaftet werden.[2])

2. Stillschweigender Eintritt der Einkindschaft:

Unterbleibt bei vertragsloser Wiederverehelichung des verwittweten Elterntheils die vorgeschriebene Vermögensauseinandersetzung zwischen ihm und den mit ihm durch fortgesetzte allgemeine Gütergemeinschaft verbundenen Kindern, so tritt nach Ablauf von Jahr und Tag die allgemeine Gütergemeinschaft und die vollkommene Einkindschaft stillschweigend ein.[3])

Wenn der verwittwete Elterntheil bei der Wiederverehelichung den Güterstand des gemeinen Rechts einführt, ohne mit seinen durch fortgesetzte Gütergemeinschaft mit ihm verbundenen Kindern die erforderliche Vermögensauseinandersetzung zu pflegen, so tritt nach Ablauf von 3 Monaten nach

---

[1]) Landr. S. 249 § 4; Comm. S. 271; Weber §§ 778; Spies § 33 S. 122; Bl. f. RA. Bd. V S. 139.

[2]) Slg. Bd. III S. 447, 449; Bd. V S. 27; Bl. f. RA. Bd. XV S. 71; Bd. 38 S. 78; Bd. 4 S. 254; Seuff. Archiv Bd. 32 S. 183; Roth Bd. I S. 561 A. 9.

[3]) Landr. S. 258 § 7; Comm. S. 286; Weber § 708; Spies § 66 S. 62; Bl. f. RA. Bd. V S. 123; Roth Bd. I S. 561.

der Eheschließung die unvollkommene Einkindschaft stillschweigend ein und zwar ohne Voraus.[1])

Minderjährige können bis zum Ablauf eines halben Jahres nach erreichter Volljährigkeit gegen die stillschweigende Einkindschaft Wiedereinsetzung in den vorigen Stand verlangen.[2])

γ.

Verfahren.

§ 64.

Sollen minderjährige Kinder eingekindschaftet werden, so ist über dieselben Spezialkuratel einzuleiten[3]) und ist das von der fortgesetzten allgemeinen Gütergemeinschaft umfaßte Vermögen nach seinem gegenwärtigen Stande durch Inventar festzustellen.[4]) In dieses Inventar ist auch dasjenige Vermögen aufzunehmen, auf welches der wieder heirathende Elterntheil bereits ein wohlerworbenes Recht hat.[5]) Es hat

---

[1]) Landr. S. 233 § 4; S. 323 § 7; Comm. S. 248, 392; Weber §§ 632, 635, 1023; Spies § 27 S. 118; § 30 S. 120, § 63 S. 139; Roth Bd I S. 561.

[2]) Landr. S. 233 § 4; Weber §§ 632, 635, 1023; Spies § 27 S. 118; § 63 S. 139; § 30 S. 120.

[3]) Landr. S. 236 §§ 11, 12; Spies § 4 S. 107; Weber § 639.

[4]) Landr. S. 237 § 13; S. 247 § 17; S. 224 § 9; Comm. S. 253, 233—236; Weber §§ 761, 762, 605, 606; Spies § 4 S. 16, § 4 S. 106, 107; Roth Bd. I S. 563; Darstellung S. 2, 3 A. 10, 11.

[5]) Landr. S. 251 § 8; Comm. S. 274; Weber §§ 783, 784; Spies § 52 S. 133.

sich der Gerichtsgebrauch gebildet, daß dieses Inventar nicht notariell errichtet wird, sondern daß die Parteien ein von ihnen unter Zuziehung der verpflichteten Hypothekschätzer gefertigtes Verzeichniß vorlegen und daß auf Grund dieses Vermögensverzeichnisses die Einkindschaft vorgenommen wird.

Das weitere Verfahren ist folgendes:

1. bei vollkommener Einkindschaft:

Die einzukindschaftenden Kinder erhalten am gemeinschaftlichen Vermögen der neuen Ehe denselben Pflichtheilsanspruch, wie die aus der neuen Ehe zu erwartenden Kinder. Es wird nun berechnet, welcher Pflichttheil den einzukindschaftenden Kindern jetzt zukommen würde, wenn nicht Einkindschaftung, sondern Grundtheilung stattfinden würde; hierauf wird festgestellt, wie viele Kinder aus der neuen Ehe mit Wahrscheinlichkeit noch zu erwarten sind und wie viel Vermögen der neue Ehegatte zur allgemeinen Gütergemeinschaft einbringt, wobei auch mitgerechnet wird, was derselbe mit Sicherheit noch zu erwarten hat; alsdann wird berechnet, welcher Pflichttheil den einzukindschaftenden Kindern aus dem gemeinschaftlichen Vermögen der neuen Ehe bei der künftigen Erbtheilung zukommen würde.

Der Betrag nun, um welchen der jetzige Pflichttheil den künftigen übersteigt, bildet den „Voraus“.

2. bei unvollkommener Einkindschaft:

Es wird berechnet, welcher Pflichttheil den

einzukindschaftenden Kindern jetzt zukommen würde, wenn nicht Einkindschaftung, sondern Grundtheilung stattfinden würde; hierauf wird festgestellt, wie viele Kinder aus der neuen Ehe mit Wahrscheinlichkeit noch zu erwarten sind; alsdann wird berechnet, welcher Kopftheil den einzukindschaftenden Kindern bei der künftigen Erbtheilung zukommen würde, wenn das Vermögen, aus welchem der Pflichttheil im Falle der Grundtheilung berechnet wurde, unter die einzukindschaftenden Kinder und die noch zu erwartenden Kinder nach Kopftheilen vertheilt würde.

Der Betrag nun, um welchen der jetzige Pflichttheil den künftigen Kopftheil übersteigt, bildet den „Voraus“.[1])

Der Voraus ist also ein Theil des Pflichttheils.[2])

Zur Berechnung des Voraus kann man folgende Formeln verwenden:

1. bei vollkommener Einkindschaft:

$$X = \frac{a}{b+1} - \frac{a+c}{b+d+1}$$

---

[1]) Landr. S. 247 § 17; S. 249 §§ 2, 4; S. 80 § 5; Comm. S. 268, 269, 270; Weber §§ 761, 762, 763, 764, 765, 777; Spies § 46 S. 130, § 47 S. 130, § 48 S. 131; Slg. Bd. 9 S. 297; Roth Bd. I S. 565.

[2]) Landr. S. 248 § 1, S. 249 § 4; Weber §§ 761, 762, 763; Spies § 47 S. 130; Slg. Bd. 9 S. 297; Bl. f. RA. Bd. 5 S. 139.

2. bei unvollkommener Einkindschaft:

$$X = \frac{a}{b + 1} - \frac{a}{b + d}$$

Hiebei bezeichnet:

x den gesuchten Voraus,

a das von der fortgesetzten allgemeinen Gütergemeinschaft umfaßte Vermögen;

b die Zahl der aus der früheren Ehe vorhandenen unabgetheilten Kinder;

c das Vermögen des neuen Ehegatten, welches derselbe zur allgemeinen Gütergemeinschaft einbringt;

d die Zahl der aus der neuen Ehe zu erwartenden Kinder;

1 den überlebenden Ehetheil.

Der Voraus ist Sondervermögen der eingekindschafteten Kinder, an welchem die Eltern bis zum Austritt der Kinder aus der elterlichen Gewalt Verwaltung und Nutznießung haben.[1])

Bei Feststellung der Höhe des Voraus sind außer den Vermögensverhältnissen und der Zahl der zu erwartenden Kinder auch die sonstigen Umstände in Betracht zu ziehen z. B. die wirthschaftliche Tüchtigkeit der Ehegatten, das Alter der einzukindschaftenden Kinder, die Nothwendigkeit der Wiederverehelichung des verwittweten Elterntheils u. s. w.[2])

[1]) Landr. S. 255 § 19; Comm. S. 271, 281; Weber §§ 789, 790; Spies § 54 S. 134; Seuff. Archiv Bd. 15 S. 790.

[2]) Landr. S. 237 § 14; Weber § 646; Spies § 34 S. 123.

Wenn Personen, deren Ehe geschieden, für ungiltig oder nichtig erklärt ist, sich wieder ehelichen, und die eingekindschaftet gewesenen Kinder wieder einkindschaften, so darf der frühere Voraus nicht verringert werden.[1])

Bei Feststellung der Höhe des Voraus findet Collation statt.[2])

Für Minderjährige darf der Voraus nur in Geld bestellt werden.[3])

Die Größe des Voraus ist für alle einzukindschaftenden Kinder die gleiche.[4])

Sind bei der Voraus-Berechnung Schulden, welche auf dem gemeinschaftlichen Vermögen lasteten, nicht in Betracht gezogen worden, und ist daher ein zu hoher Voraus bestellt worden, so haben die eingekindschafteten Kinder bei der künftigen Erbtheilung diese Schulden mitzutragen; der einmal bestellte Voraus wird aber nicht geändert.[5])

Der verwittwete Elterntheil, welcher wieder heirathet, und seine ersteheIichen Kinder einkindschaftet,

---

[1]) Landr. S. 300 § 13; Comm. S. 351 ff; Weber §§ 921—924; Spies § 52 S. 133, § 76 S. 146.

[2]) Landr. S. 251 § 10; Comm. S. 274, 275; Weber §§ 773, 774, 775, 776; Spies § 5 S. 162, § 14 S. 166.

[3]) Landr. S. 250 § 6; Comm. S. 271, 272; Weber §§ 779, 780; Spies § 49 S. 131; Bl. f. RA. Bd. 5 S. 140.

[4]) Landr. S. 254 § 17; Comm. S. 280; Weber §§ 785, 786; Spies § 50 S. 132.

[5]) Landr. S. 254 § 16; Comm. S. 279; Spies § 53 S. 133; Slg. Bd. IX S. 297; Bl. f. RA. Bd. 47 S. 10 ff.

kann sich aus dem gemeinschaftlichen Vermögen keinen Vorbehalt machen.[1])

Bei der vollkommenen Einkindschaft können sich der wieder heirathende Elterntheil und dessen einzukindschaftende Kinder mit Zustimmung des anderen Ehetheils und dessen Ascendenten den Anspruch auf den Erbtheil, welchen der andere von seinen eigenen Ascendenten noch nicht abgetheilte Ehetheil von diesen seinen Ascendenten noch zu erwarten hat, vorbehalten. Durch diesen Vorbehalt wird bewirkt, daß der Erbtheil, gleichviel ob er bei Lebzeiten des anderen Ehetheils oder nach dessen Tode anfällt, als zum gemeinschaftlichen Vermögen der zweiten Ehe gehörig behandelt wird.[2])

δ.

Rechtsverhältniß während der Dauer der Ehe.

§ 65.

1. Die eingekindschafteten Kinder sind nicht Miteigenthümer des gemeinschaftlichen Vermögens;[3])

---

[1]) Landr. S. 254 § 18; Comm. S. 280, 281; Weber §§ 787, 788; Spies § 63 S. 59; Bl. f. RA. Bd. V S. 141.

[2]) Landr. S. 259 ff §§ 10—13; Comm. S. 289—293; Weber §§ 719—756; Spies § 77 S. 147, § 79 S. 149, § 81 S. 149, § 82 S. 150, § 78 S. 148; Bl. f. RA. Bd. V S. 104.

[3]) Landr. S. 248 ff, S. 80, 81 §§ 5, 7; Comm. S. 71, 105; Bl. f. RA. Bd. 27 S. 171 ff; Seuff. Archiv Bd. 26 S. 197. Dr. Schüttinger, Die Einkindschaft nach Bamberger Statutarrecht, Bamberg 1857, behauptet, die eingekindschafteten Kinder seien aktive Theilnehmer, Miteigenthümer des gütergemeinschaftlichen Vermögens. Diese Behauptung ist eine irrige. S. auch oben § 29.

sie beschränken aber die Eltern in der Disposition über dasselbe.[1])

Bei der Verfügung über das gemeinschaftliche Vermögen sind die Eltern theils an die Zustimmung, theils an den Beirath der eingekindschafteten Kinder gebunden. Die Rechtsgeschäfte, welche sie ohne Zustimmung oder ohne Beirath der eingekindschafteten Kinder vornehmen, sind entweder nichtig oder anfechtbar.

a) Nichtig sind wegen mangelnder Zustimmung der eingekindschafteten Kinder:
   α) die Bürgschaft, die Schuldübernahme, die Übernahme einer Solidarhaftung, wenn die Eltern diese Rechtsverhältnisse für Jemand eingehen, mit dem sie nicht als Kaufleute oder Gewerbetreibende in geschäftlichem Verkehr stehen;
   β) die Aufhebung der allgemeinen Gütergemeinschaft.
b) Anfechtbar sind wegen mangelnder Zustimmung der eingekindschafteten Kinder:
   α) wenn die Eltern aus dem gemeinschaftlichen Vermögen Schenkungen machen, welche das standes- und ortsübliche Maß übersteigen, oder wenn sie Rechtshandlungen vornehmen, welche einer Schenkung gleichkommen z. B. wenn sie einen namhaften

[1]) Seuff. Archiv Bd. 26 S. 197.

rechtmäßigen Vermögensvortheil, den sie für das gemeinschaftliche Vermögen machen können, von sich weisen;

β) wenn sie sich in ungewisse und gefährliche Geschäfte bezüglich des gemeinschaftlichen Vermögens einlassen;

γ) wenn ein Ehegatte Schenkungen an den anderen Ehegatten aus dem gemeinschaftlichen Vermögen macht.

c) Anfechtbar sind wegen mangelnden Beirathes der eingekindschafteten Kinder:

Alle übrigen Rechtsgeschäfte der Eltern bezüglich des gemeinschaftlichen Vermögens.

Nehmen die Eheleute eines der unter b und c bezeichneten Rechtsgeschäfte vor ohne Zustimmung oder Beirath der eingekindschafteten Kinder oder ohne den Beirath derselben zu beachten, so müssen die eingekindschafteten Kinder binnen 4 Wochen, nachdem sie von den Geschäften Kenntniß erlangt haben, auf Aufhebung derselben klagen, oder ihren Widerspruch auf eine sonst erweisliche Art erklären, widrigenfalls die Geschäfte von ihnen wegen des erwähnten Mangels nicht mehr angefochten werden können. Haben die Eltern wegen eines Rechtsgeschäftes, das infolge Widerspruchs der eingekindschafteten Kinder verhindert oder wieder aufgehoben wurde, dem anderen Vertragstheil Schadensersatz zu leisten, so kann zur Leistung dieses Ersatzes das gemeinschaftliche Vermögen ohne Zustimmung der Kinder nur so weit herangezogen werden, als dem gemeinschaftlichen Vermögen durch das Rechtsgeschäft ein erweislicher Nutzen erwachsen ist.

Die unter b β bezeichneten Rechtsgeschäfte können die Eheleute auch ohne Zustimmung (und Beirath) der eingekindschafteten Kinder vornehmen, wenn sie zum offenbaren Nutzen des gemeinschaftlichen Vermögens sind.

Die noch nicht vollzogenen Rechtsgeschäfte, welche die Eheleute mit der erforderlichen Zustimmung oder mit dem erforderlichen Beirath der eingekindschafteten Kinder abgeschlossen haben, können dieselben mit Zustimmung des anderen Contrahenten und ohne Zustimmung und Beirath der eingekindschafteten Kinder wieder aufheben.[1])

2. Eingekindschaftete Kinder können nicht enterbt werden;[2])

3. Bezüglich des Anspruches der eingekindschafteten Kinder auf Aussteuer und Ausfertigung s. oben § 41.

---

[1]) Landr. S. 274 § 18; S. 302 § 16; Comm. S. 307; Weber §§ 835, 836; Spies § 56 S. 135, § 98 S. 78; Slg. Bd. 15 S. 620; Bl. f. RA. Bd. 60 S. 391.

[2]) Landr. S. 276 § 21; Comm. S. 311—318; Weber §§ 828, 829, 830, 838, 842, 843; Spies § 16 S. 159; Bl. f. RA. Bd. XV S. 384.

4. Die eingekindschafteten Kinder können Wiedereinsetzung in den vorigen Stand gegen die Einkindschaft verlangen, wenn sie bei der Einkindschaftung in ihren Ansprüchen schuldhafter Weise erheblich benachtheiligt wurden.[1]) Die Wiedereinsetzung in den vorigen Stand muß von den Kindern vor Ablauf eines halben Jahres nach erreichter Volljährigkeit oder sobald dieselben von der Einkindschaft Kenntniß erlangt haben, nachgesucht werden.[2]) Durch diese Wiedereinsetzung der eingekindschafteten Kinder in den vorigen Stand wird der Güterstand der Eheleute nicht berührt.[3])

5. Die eingekindschafteten Kinder können Grundtheilung verlangen und zwar:
   a) die unvollkommen eingekindschafteten Kinder, wenn deren rechter Elterntheil oder beide Eheleute wegen Verschwendung entmündigt werden;[4])
   b) die vollkommen eingekindschafteten Kinder:
      wenn beide Ehegatten wegen Verschwendung entmündigt werden; wird nur ein Ehegatte

---

[1]) Landr. S. 284 §§ 2 ff; Comm. S. 327 ff; Weber §§ 862—892; Spies §§ 63—74 S. 139—143.

[2]) Landr. S. 292 § 22; Comm. S. 342; Weber §§ 867, 868; Spies § 63 S. 139.

[3]) Landr. S. 293 § 25; Comm. S. 344; Weber §§ 881, 882.

[4]) Landr. S. 303 §§ 2, 3; Comm. S. 356—358; Weber §§ 931, 932; Spies § 29 S. 119.

wegen Verschwendung entmündigt, und der andere Ehegatte als Vormund desselben bestellt, so können die eingekindschafteten Kinder, wenn der entmündigte Ehegatte deren rechter Elterntheil ist, verlangen, daß der als Vormund bestellte Ehegatte ihnen den Stand des gemeinschaftlichen Vermögens vorlege; nimmt das gemeinschaftliche Vermögen unter der Verwaltung des stiefelterlichen Theils merklich ab, so können die eingekindschafteten Kinder Grundtheilung verlangen.[1])

c) die vollkommen und die unvollkommen eingekindschafteten Kinder:

wenn das gemeinschaftliche Vermögen durch Unglücksfälle, Untüchtigkeit der Eheleute in der Bewirthschaftung desselben, Unsegen u. s. w. merklich verringert wird und der Schaden, der dadurch den eingekindschafteten Kindern zugeht, auf andere Weise nicht abgewendet werden kann.[2])

Bei Berechnung des Pflichttheils, welchen bei dieser Grundtheilung die vollkommen eingekindschafteten Kinder zu erhalten haben, kommen als Theilungsinteressenten in Betracht:

---

[1]) Landr. S. 303 § 4; Comm. S. 358, 359; Weber §§ 933, 934, 935; Spies § 17 S. 27, § 33 S. 122.

[2]) Landr. S. 304 § 5; Comm. S. 359, 360; Weber §§ 937, 938; Spies § 49 S. 103, § 33 S. 122.

Der Ehemann, die Ehefrau, die aus der Ehe vorhandenen Kinder, die eingekindschafteten Kinder.

Die Theile, welche auf den Ehemann, die Ehefrau, die aus der Ehe vorhandenen Kinder entfallen, bleiben gemeinschaftliches Vermögen der Eheleute.[1])

Die Verwaltung und Nutznießung am Vermögen, welches die eingekindschafteten unter elterlicher Gewalt stehenden Kinder durch die Grundtheilung erhalten, behalten die Eltern bloß dann, wenn die Grundtheilung nicht wegen Verschwendung erfolgte.[2])

Ist der rechte Elterntheil der eingekindschafteten Kinder von seinen eigenen Ascendenten noch nicht abgetheilt, so müssen sich die Kinder bei der Grundtheilung den Anspruch auf das Abtheilungsvermögen ihres rechten Elterntheils vorbehalten, widrigenfalls sie diesen Anspruch verlieren. Mit dem Erwerb des Abtheilungs- bzw. Erbvermögens durch den rechten Elterntheil haben die abgetheilten Kinder den Anspruch auf Nachtheilung. Die zur Zeit der Theilung noch minderjährigen Kinder können binnen eines halben Jahres nach erreichter Volljährigkeit gegen die Versäumung

---

[1]) Landr. S. 305 § 9; Comm. S. 361, 362, 363; Weber §§ 941, 942; Spies § 49 S. 103.

[2]) Landr. S. 305 § 10; Comm. S. 363; Weber §§ 941, 942; Spies § 49 S. 104.

dieses Vorbehalts Wiedereinsetzung in den vorigen Stand verlangen.[1])

Ist der stiefelterliche Theil der vollkommen eingekindschafteten Kinder vom Vermögen seiner eigenen Ascendenten noch nicht abgetheilt, so müssen sich die eingekindschafteten Kinder bei der Grundtheilung den Anspruch auf das Abtheilungs- bzw. Erbvermögen ihres stiefelterlichen Theils vorbehalten, widrigenfalls sie diesen Anspruch verlieren. Dieser Vorbehalt ist aber bloß dann zulässig, wenn derselbe bereits bei der Einkindschaftung mit Zustimmung des anderen Ehetheils und dessen Ascendenten gemacht wurde und nunmehr bloß wiederholt wird. Durch diesen Vorbehalt wird bewirkt, daß der fragliche Erbtheil, sobald derselbe anfällt, als zum gemeinschaftlichen Vermögen der zweiten Ehe gehörig behandelt wird.[2])

6. Durch Kinderlosigkeit der zweiten Ehe wird die Einkindschaft nicht aufgehoben.[3])

---

[1]) Landr. S. 306 § 12; Comm. S. 363; Weber § 943; Spies § 77 S. 146.

[2]) Landr. S. 307 § 13; Weber § 943; Spies § 77 S. 147; § 82 S. 150.

[3]) Comm. S. 285; Seuff. Archiv Bd. II S. 198; Bd. V S. 784; Bd. VII S. 262; Bd. X S. 816; Bd. XIII S. 439; Bd. XXII S. 228; Bd. XXIII S. 418; Bd. XXVI S. 197.

ε.

Rechtsverhältniß nach Auflösung der Ehe.

§ 66.

1. Tod des einen Ehegatten:

a) Auf Ableben des stiefelterlichen Theils der vollkommen eingekindschafteten Kinder setzt der überlebende Ehegatte die allgemeine Gütergemeinschaft fort.[1]) Die eingekindschafteten Kinder behalten die Rechte von solchen auch während der fortgesetzten allgemeinen Gütergemeinschaft.[2])

b) Auf Ableben des leiblichen Elterntheils der vollkommen eingekindschafteten Kinder erlischt die Einkindschaft und fällt den eingekindschafteten Kindern ihr Pflichttheil am gemeinschaftlichen Vermögen ohne Antretung (ipso jure) an.

Der Pflichttheil wird in der Weise berechnet, daß der überlebende Ehegatte, die eingekindschafteten und die aus der aufgelösten Ehe vorhandenen Kinder Kopftheile machen. Die Kopftheile der aus der getrennten Ehe vorhandenen Kinder fallen dem überlebenden

---

[1]) Landr. S. 307 § 1; Comm. S. 364, 365, 366; Weber §§ 951, 952, 953; Spies § 16 S. 113, § 60 S. 135.

[2]) Landr. S. 308 § 2; Comm. S. 366—370; Weber § 951; Spies § 16 S. 113, § 60 S. 136.

Ehegatten zu, der mit diesen Kindern durch fortgesetzte allgemeine Gütergemeinschaft verbunden bleibt.

Diese Theilung des gemeinschaftlichen Vermögens ist eine Grundtheilung.[1])

Bei der Theilung wird der Stand des gemeinschaftlichen Vermögens im Zeitpunkte des Ablebens des leiblichen Elterntheils der eingekindschafteten Kinder zu Grunde gelegt.[2])

Die Eheleute können im Ehevertrag vereinbaren, daß auf Ableben des leiblichen Elterntheils der vollkommen eingekindschafteten Kinder die Einkindschaft nicht erlöschen, sondern fortdauern soll, sog. fortgesetzte Einkindschaft.

Die vollkommen eingekindschafteten Kinder können auf Ableben ihres rechten Elterntheils mit dem überlebenden stiefelterlichen Theil vereinbaren, daß die mit dem Tode ihres rechten Elterntheils erloschene Einkindschaft erneuert werden soll, sog. neuerliche Einkindschaft.

Benimmt sich der überlebende Ehegatte nicht wie ein rechter Vater oder wie eine rechte Mutter gegenüber den durch fortgesetzte oder neuerliche Einkindschaft mit ihm bezw. mit

---

[1]) Landr. S. 315 § 1; Comm. S. 379, 380; Weber §§ 991, 992; Spies § 33 S. 122; § 60 S. 136.

[2]) Landr. S. 316 § 2; Comm. S. 381; Weber §§ 994, 995.

ihr verbundenen Kindern, so können sie Grundtheilung verlangen; ebenso wenn sich der überlebende Ehegatte wieder verehelicht.

Der überlebende Ehegatte kann ebenfalls Grundtheilung verlangen, wenn die mit ihm durch fortgesetzte oder neuerliche Einkindschaft verbundenen Kinder sich ihm gegenüber nicht wie rechte Kinder benehmen.

Die Theilung erfolgt in diesen Fällen nach dem gegenwärtigen Vermögensstand.[1])

Der überlebende Ehegatte hat weder die elterliche Gewalt über die mit ihm durch fortgesetzte oder neuerliche Einkindschaft verbundenen Kinder, noch die Verwaltung und Nutznießung des Sondervermögens derselben.[2])

Bei seiner Wiederverehelichung hat der verwittwete Ehegatte mit den durch fortgesetzte oder neuerliche Einkindschaft mit ihm verbundenen Kindern Grundtheilung zu pflegen, wenn die eingekindschafteten Kinder aus verschiedenen Ehen des verstorbenen Ehegatten stammen.[3])

---

[1]) Landr. S. 319 §§ 9, 10; Comm. S. 384, 385; Weber §§ 1007, 1008; Spies § 16 S. 113; § 33 S. 122, 123; § 60 S. 136, 137; Roth Bd. I S. 562, 567.

[2]) Landr. S. 319 § 11; Comm. S. 385; Weber §§ 1012, 1013; s. oben §§ 42, 45.

[3]) Landr. S. 325 § 13; Comm. S. 396; Weber § 1032.

2. Scheidung der Ehe:
hierüber s. oben § 31.
3. Ungiltigkeit und Nichtigkeit der Ehe:
hierüber s. oben § 32.

Zweiter Titel.

Berufung durch Gesetz (Intestaterbfolge).

§ 67.

Das Landrecht enthält über die gesetzliche Erbfolge folgende Bestimmungen:

1. Durch Grundtheilung erlischt das Pflichttheilsrecht der Descendenten gegenüber ihren Ascendenten; sie bleiben aber gesetzliche Erben derselben.[1]) Nach stattgehabter Grundtheilung gestaltet sich die gesetzliche Erbfolge in den Nachlaß der Ascendenten wie folgt:
   1. Classe:
      die unabgetheilten Descendenten;
   2. Classe:
      die Ascendenten;
   3. Classe:
      die abgetheilten Descendenten;
   4. Classe:
      die vollbürtigen Geschwister u. s. w.

---

[1]) Landr. S. 70 §§ 8, 10; S. 137 § 1; Comm. S. 45—48, 112; Weber §§ 158, 811; Spies § 44 S. 102, § 6 S. 155.

Eine Klasse schließt die andere aus.[1])

2. Wurde bei der Grundtheilung ein Descendent von seinen Ascendenten enterbt, so bleibt er gleichwohl gesetzlicher Erbe derselben und erbt beim späteren Eintritt der gesetzlichen Erbfolge in der dritten Klasse.[2])

3. Stirbt ein Kind, welchem infolge Wiedervereheliсhung des verwittweten Elterntheils das Eigenthum am Ehegewinn (lucra nuptialia) zugefallen ist, ohne letztwillige Verfügung, so gestaltet sich die gesetzliche Erbfolge in die lucra nuptialia wie folgt:

1. Classe:
die Descendenten;

2. Classe:
die vollbürtigen Geschwister;

3. Classe:
die Ascendenten;

4. Classe:
die halbbürtigen Geschwister u. s. w.[3])

---

[1]) Landr. S. 71 § 11; S. 88 § 9; S. 137 §§ 2, 3, 4; S. 144 § 21; S. 315 § 18; Comm. S. 48, 49, 112, 113, 120, 378; Weber §§ 158, 492, 493, 811, 812, 920, 978, 979; Spies § 44 S. 102, § 28 S. 118; § 31 S. 120, § 37 S. 125; § 38 S. 126, § 6 S. 155; Roth Bd. III S. 542 A. 81, S. 611 A. 19.

[2]) Landr. S. 88 § 9; Comm. S. 66; Weber § 459; Spies § 15 S. 159; s. unten § 70.

[3]) Landr. S. 222 § 4; S. 321 § 2; Comm. S. 232; Weber §§ 600, 601, 1020, 1021; Spies § 9 S. 109, § 24 S. 116.

4. Ueber das gesetzliche Erbrecht des unehelichen Kindes gegenüber seinen Eltern s. oben §§ 48, 49.
5. Ueber das gesetzliche Erbrecht des überlebenden Ehegatten beim Güterstand des gemeinen Rechts s. oben § 10.

Dritter Titel.

Berufung gegen den Willen des Erblassers.
(Pflichttheilsrecht.)

A.
Pflichttheilsberechtigte Personen.

§ 68.

Als Pflichttheilsberechtigte kommen in Betracht die Descendenten und nach diesen die Ascendenten.[1])

Die uneheliche Verwandtschaft begründet nur ein Pflichttheilsrecht in der mütterlichen Familie; aber auch in der mütterlichen Familie hat das uneheliche Kind gegenüber den Ascendenten nur dann ein Pflichttheilsrecht, wenn dieselben nicht in allgemeiner Gütergemeinschaft leben, sei es mit dem Ehegatten oder in sog. fortgesetzter allgemeiner Gütergemeinschaft.[2])

Beim Güterstand der wechselseitigen Erbfolge ist

[1]) Landr. S. 137 §§ 2, 3, 4; S. 88 § 9; Roth Bd. III S. 530, 533.

[2]) s. oben § 48 A. 1.

das Pflichttheilsrecht der Descendenten und Ascendenten ausgeschlossen.[1])

Eheleute, welche in allgemeiner Gütergemeinschaft leben, sind an das Pflichttheilsrecht der Ascendenten nicht gebunden.[2])

Durch Grundtheilung erlischt das Pflichttheilsrecht der Descendenten gegenüber ihren Ascendenten,[3]) nicht aber das Pflichttheilsrecht der Ascendenten gegenüber ihren Descendenten.[4])

Das Pflichttheilsrecht ist bei Lebzeiten des Erblassers kein zum Vermögen des Pflichttheilsberechtigten gehöriges Forderungsrecht.[5]) Der Pflichttheilsberechtigte kann aber bei Lebzeiten des Erblassers rechtswirksam auf sein Pflichttheilsrecht verzichten.[6])

---

[1]) s. oben § 12 A. 2.

[2]) Landr. S. 206 § 2; Comm. S. 210—212; Weber §§ 126, 571, 576—579; Spies § 11 S. 158; Landr. S. 141 § 12; s. auch oben § 61, § 26.

[3]) Landr. S. 137 § 1; S. 70 §§ 8, 10; Comm. S. 45—48, 112; Weber §§ 158, 811; Spies § 44 S. 102; § 6 S. 155.

[4]) Landr. S. 140 § 11; S. 144 § 22; S. 142 § 16; S. 71 § 12; Comm. S. 117, 118, 120, 49; Weber §§ 158, 492, 493, 793, 794, 813, 814; Spies § 11 S. 157; Bl. f. R.A. Bd. 38 S. 364.

[5]) Landr. S. 317 § 4; Comm. S. 382; Weber §§ 978, 979, 999, 1000; Spies § 37 S. 126; Bl. f. RA. Bd. 50 S. 136.

[6]) Landr. S. 70 §§ 8, 9, 10, 11; S. 239 § 18; Roth Bd. III S. 542, 658; Seuff. Arch. Bd. 36 S. 192.

B.

Größe des Pflichttheils.

§ 69.

Der Pflichttheil der Descendenten beträgt bei höchstens 4 Kindern ein Drittel, bei mehr als 4 Kindern die Hälfte des Vermögens der Ascendenten.[1])

Beim Güterstand der allgemeinen Gütergemeinschaft beträgt der Pflichttheil der Descendenten:

bei 1 Kind die Hälfte,
bei 2 Kindern zwei Drittel,
bei 3 Kindern drei Viertel,
bei 4 Kindern vier Fünftel,
bei 5 Kindern fünf Sechstel u. s. w.

des gemeinschaftlichen Vermögens der Ascendenten.[2]) Im Ehevertrag kann vereinbart werden, daß der Pflichttheil auch bei mehr als 2 Kindern nur zwei Drittel des gemeinschaftlichen Vermögens der Ascendenten betragen soll.[3])

Der Pflichttheil der Ascendenten beträgt ein Drittel des Vermögens der Descendenten.[4])

---

[1]) Landr. S. 79 § 2; Weber § 133; Spies § 2 S. 153; Roth Bd. III S. 539 A. 67, S. 541.

[2]) s. oben § 26 A. 5.

[3]) s. oben § 26 A. 6.

[4]) Landr. S. 71 § 12; S. 140 § 11; Comm. S. 49, 117; Weber §§ 158, 813, 814; Spies § 10 S. 157, § 11 S. 157; Bl. f. RA. Bd. 38 S. 364; Roth Bd. III S. 539 A. 67, S. 541.

C.

Ausschließung vom Pflichttheil.

I.

Ausschließung zur Strafe.

§ 70.

Die Ausschließung kann durch letztwillige Verfügung oder durch Grundtheilung erfolgen.

Ehegatten, welche in allgemeiner Gütergemeinschaft leben, können nur mit gegenseitiger Einwilligung einen Descendenten enterben. Durch einen Ehegatten allein kann dieß nur geschehen, wenn der andere Ehegatte verstorben ist und den überlebenden zur Enterbung ausdrücklich ermächtigt hat. Der Enterbungsgrund muß aber bereits bei Lebzeiten des verstorbenen Ehegatten vorhanden gewesen sein. Enterbung ist daher ausgeschlossen, wenn der Enterbungsgrund erst in der Person des überlebenden Ehegatten entstanden ist.[1])

Erfolgt die Grundtheilung zum Zwecke der Wiederverehelichung, so findet Enterbung nicht statt.[2])

Wurde bei der Grundtheilung ein Descendent von seinen Ascendenten enterbt, so bleibt er gleichwohl gesetzlicher Erbe derselben.[3])

---

[1]) Landr. S. 85 §§ 3, 4; S. 87 § 8; Comm. S. 59 ff; S. 64, 65; Weber §§ 120, 459—462; Spies § 15 S. 159, § 18 S. 160.

[2]) Landr. S. 88 § 8; Comm S. 65; Weber §§ 120, 459, 461, 462; Spies § 17 S. 160.

[3]) Landr. S. 88 § 9; Comm. S. 66; Weber § 459; Spies § 15 S. 159; s. oben § 67.

Ascendenten können ihre Descendenten und Descendenten können ihre Ascendenten enterben. Die Enterbungsgründe sind die gemeinrechtlichen.[1])

Eingekindschaftete Kinder können nicht enterbt werden.[2])

Die Gläubiger des Enterbten, welche zur Zeit des Erbanfalls vorhanden sind, können allein oder im Verein mit dem Enterbten die Enterbung anfechten und falls sie obsiegen, sich, soweit sie aus dem Vermögen des Enterbten keine Befriedigung erlangen können, aus dem Pflichttheil, welchen der Enterbte ohne die Enterbung erhalten hätte, befriedigen.[3])

II.

Ausschließung in guter Absicht.

(Exheredatio bona mente facta.)

§ 71.

Das Landrecht enthält hierüber nur folgende Bestimmung:

> Geschieht die Enterbung in guter Absicht (exheredatio bona mente facta), so können die Gläubiger des Enterbten, welche zur Zeit des Anfalls der Erbschaft vorhanden sind, soweit sie aus dem Vermögen des Enterbten keine Befriedigung finden, sich trotz der Enterbung an

---

[1]) Landr. S. 88 § 9; Weber § 459.

[2]) s. oben § 65 A. 4.

[3]) Landr. S. 86, 87 § 6; Comm. S. 63; Weber § 121; Spies § 19 S. 160; Slg. Bd. 4 S. 696, 698, 845.

den dem Enterbten im Falle der Nichtenterbung zustehenden Pflichttheil halten, um daraus Befriedigung zu suchen.[1])

D.

Schutz des Pflichttheils.

§ 72.

Wenn die Eltern durch übermäßige Zuwendungen an eines ihrer Kinder den Pflichttheil der übrigen Kinder verletzen, so können letztere nicht bloß gerichtlich auf Einhalt dringen, sondern nach Befund der Umstände sogar Sicherheitsleistung begehren.[2]) Zu solchen Zuwendungen ist insbesondere auch die Dos (Aussteuer und Ausfertigung) zu rechnen.[3])

Soweit auf Grund des Güterstands der allgemeinen Gütergemeinschaft das gemeinschaftliche Vermögen den unabgetheilten, insbesondere den (vollkommen oder unvollkommen) eingekindschafteten Kindern als Pflichttheil gebührt, ist den Eltern die Befugniß, letztwillig über dasselbe zu verfügen, entzogen.[4])

Der Erblasser kann einem Miterben die Collation

---

[1]) Landr. S. 86 § 5; Comm. S. 61, 62, 63; Weber §§ 121, 122; Spies § 19 S. 160; Slg. Bd. IV S. 696, 698, 845.

[2]) Landr. S. 99 § 7; Comm. S. 75; Weber § 134; Spies § 9 S. 157; Roth Bd. III S. 528.

[3]) Landr. S. 10 § 7; Comm. S. 8; Weber § 129; Spies § 9 S. 156; Roth Bd. III S. 591.

[4]) s. oben § 26.

nur unbeschadet des Pflichttheilsrechtes der übrigen Miterben erlassen.[1])

Wird der Güterstand der allgemeinen Gütergemeinschaft oder der wechselseitigen Erbfolge auf dem Krankenbette eingegangen, so verliert dieser Vertrag, wenn der kranke Ehegatte an dieser Krankheit stirbt und pflichtheilsberechtigte Notherben hinterläßt, seine Kraft und tritt die Erbfolge auf Grund des ehelichen Güterstandes ein, der vor diesem Vertrag bestanden hat.[2])

---

[1]) s. unten § 76.

[2]) Landr. S. 141, 142 § 14; Comm. S. 118; Weber §§ 205, 206, 276; Spies § 57 S. 54, § 101 S. 81, § 11 S. 158.

Zweiter Abschnitt.

Erwerb der Erbschaft.

Erster Titel.

Art und Weise des Erwerbs der Erbschaft.

§ 73.

Die Bestimmungen, welche das Landrecht enthält, sind folgende:

1. Wird die Ehe, in welcher vollkommen eingekindschaftete Kinder vorhanden sind, durch den Tod des leiblichen Elterntheils der eingekindschafteten Kinder getrennt, so fällt den eingekindschafteten Kindern ihr Pflichttheil am gemeinschaftlichen Vermögen ohne Antretung (ipso jure) an.[1])
2. Bei der Grundtheilung stellt die Vereinbarung der Grundtheilung unter den Theilungsinteressenten den Erbschaftsantritt dar. Von da an bildet das Recht der Theilungsinteressenten auf ihre Portion ein übertragbares und vererbliches Recht.

Der Vereinbarung der Grundtheilung kommt es gleich, wenn ein Theil die ihm kraft Vertrags oder Gesetzes zustehende Theilung verlangt,

---

[1]) s. oben § 66.

oder wenn rechtskräftig auf Grundtheilung erkannt ist.[1])

3. Beim Güterstand der wechselseitigen Erbfolge erwirbt der überlebende Ehegatte die Erbschaft des verstorbenen Ehegatten nur durch Antretung.[2])

4. Der Vertragserbe erwirbt die Erschaft nur durch Antretung.[3])

Zweiter Titel.

Wirkungen des Erwerbs der Erbschaft.

A.

Rechtsverhältniß der Erben zu den Gläubigern.

§ 74.

Miterben haften für die Nachlaßschulden nach Verhältniß ihrer Erbtheile.[4])

Treten die Erben die Erbschaft mit der Rechtswohlthat des Inventars an, so ist dieses Inventar amtlich zu errichten.[5])

---

[1]) s. unten § 75.

[2]) s. oben § 14.

[3]) s. oben § 61.

[4]) Landr. S. 72 § 15; Comm. S. 49; Spies § 11 S. 20; Bl. f. RA. Bd. 17 S. 184.

[5]) Landr. S. 65 § 13; S. 74 § 4; Weber §§ 1220, 1221; Spies § 12 S. 13; Slg. Bd. 11 S. 4; Comm. S. 44; Roth, Bd. III S. 716, 785.

Der Erbschaftsantritt mit der Rechtswohlthat des Inventars kann nur gerichtlich erklärt werden. Die Erklärung, daß von der Rechtswohlthat des Inventars Gebrauch gemacht werde, muß mit dem Erbschaftsantritt verbunden werden.[1])

Durch die Gutsübergabe werden die Eltern nur dann von den auf den Uebergabsobjekten lastenden Schulden befreit, wenn die Gläubiger den Uebernehmer als Schuldner annehmen.[2]) Ob die Gutsübergabe eine Universalsuccession oder eine Singularsuccession zur Folge hat, beurtheilt sich nach dem Inhalt des Uebergabsvertrags.[3])

Entschlägt sich ein Erbe der Erbschaft, so können sich dessen Gläubiger, welche zur Zeit des Erbanfalls vorhanden sind, gleichwohl an diese Erbschaft halten, um daraus Befriedigung zu suchen, soweit sie solche aus dem Vermögen des Schuldners nicht zu erlangen vermögen.[4])

Ueber die Rechte der Gläubiger im Falle der Enterbung des Schuldners s. oben §§ 70, 71.

---

[1]) Landr. S. 74 § 4; Roth Bd. III S. 713 A. 24, 25.

[2]) Landr. S. 72 § 14; Comm. S. 49; Weber §§ 125, 160; Spies § 47 S. 103.

[3]) Bl. f. RA. Bd. 39 S. 29; Seuff. Archiv Bd. 37 S. 185.

[4]) Landr. S. 87 § 7; Comm. S. 63; Weber §§ 121, 122; Bl. f. RA. Bd. 38 S. 356; Slg. Bd. IV S. 696, 698, 845.

B.

Rechtsverhältniß der Miterben.

I.

Die Grundtheilung.

§ 75.

1. Begriff.

Die Grundtheilung ist eine Erbtheilung bei lebendigem Leib.[1])

Das Wesen der Grundtheilung besteht darin, daß ein Descendent mit seinem Pflichttheilsanspruch an das Vermögen eines noch lebenden Ascendenten befriedigt (weggefertigt) wird und daß der befriedigte Descendent den Verzicht auf das Pflichttheilsrecht erklärt.[2])

Der Verzicht auf das Pflichttheilsrecht vor dem Tode des Erblassers ist rechtswirksam.[3])

Sobald sich die Theilungsinteressenten zur Grundtheilung geeinigt haben, oder sobald ein Theil die ihm kraft Vertrags oder Gesetzes zustehende Theilung verlangt oder sobald rechtskräftig auf Grundtheilung erkannt ist, sind den einzelnen Theilungsinteressenten ihre Antheile angefallen, da die Vereinbarung

[1]) Slg. Bd. I S. 13 ff.

[2]) Landr. S. 70 §§ 8, 9, 10, 11.

[3]) Landr. S. 239 § 18; S. 70 §§ 8, 9, 10, 11; Seuff. Archiv Bd. 36 S. 192; Roth Bd. III S. 542, 658. s. oben § 68 A. 8.

der Grundtheilung, das Verlangen derselben, das rechtskräftige Urtheil den Erbschaftsantritt darstellt. Von da an bildet das Recht der einzelnen Theilungsinteressenten auf ihren Theil ein auf Dritte übertragbares und vererbliches Recht.[1])

2. Form:

Jede Grundtheilung enthält einen Erbverzicht, ist eine mit einem Erbverzichtsvertrage verbundene Erbtheilung.

Die Grundtheilung ist daher in der für Erbverträge vorgeschriebenen Form zu errichten.[2])

3. Umfang:

Die Grundtheilung erstreckt sich auf das gesammte Vermögen des Ascendenten, also bei allgemeiner Gütergemeinschaft nicht bloß auf das gemeinschaftliche Vermögen, sondern auch auf das Sondermögen; vom Sondervermögen des Ascendenten erhalten die abzutheilenden Descendenten den Pflichttheil nach gemeinem Recht (oben § 69).[3]) Zulässig ist es, daß

---

[1]) Landr. S. 242 §§ 2, 3; S. 309 § 4; S. 315 § 18; Comm. S. 256, 370, 378; Weber §§ 656, 689, 690, 691, 956, 957, 978, 979; Spies § 37 S. 125, § 60 S. 136; Slg. Bd. I S. 13 ff; Bl. f. RA. Bd. 39 S. 48.

[2]) s. oben § 61.

[3]) Landr. S. 246 § 12; Comm. S. 262; Weber §§ 661, 662, 684, 685; Spies § 36 S. 124; s. oben § 69.

nicht alle Descendenten abgetheilt werden, sondern nur einer oder mehrere.[1])

4. Verfahren:

Bei Grundtheilung zwischen Eltern und minderjährigen Kindern ist über letztere Spezialkuratel einzuleiten[2]) und ist das Vermögen, auf welches sich die Grundtheilung erstreckt, durch notarielles Inventar festzustellen.[3])

Erfolgt die Grundtheilung, welche gelegentlich der Wiederverehelichung eines verwittweten Ehegatten stattzufinden hat, erst nach der Eheschließung, so wird der Grundtheilung gleichwohl der Vermögensstand im Zeitpunkte der Eheschließung zu Grunde gelegt.[4])

5. Wirkung:

Abgetheilte Descendenten sind zwar noch gesetzliche, aber nicht mehr Notherben ihrer Ascendenten, von denen sie abgetheilt sind.[5])

Die Gutsübergabe hat die Wirkung einer Grundtheilung nur mit Einwilligung der ab-

---

[1]) Landr. S. 238 § 17; Comm. S. 253; Weber § 651.

[2]) Landr. S. 133 § 9; Comm. S. 110; Weber § 688; Spies § 21 S. 94.

[3]) Landr. S. 224 § 9; Comm. S. 233—236; Weber §§ 605, 606; Spies § 4 S. 16; § 4 S. 106, 107; Landr. S. 237 § 13; Weber §§ 642, 643.

[4]) Landr. S. 244 § 8; Comm. S. 260; Weber § 671; Spies § 62 S. 138.

[5]) Landr. S. 70 § 10; S. 137 § 1; Comm. S. 48, 112; Weber §§ 158, 811; Spies § 44 S. 102; § 6 S. 155; s. oben § 68.

theilenden Ascendenten und der abzutheilenden Descendenten.[1])

Nach stattgehabter Grundtheilung gestaltet sich die gesetzliche Erbfolge in den Nachlaß der Ascendenten wie folgt:

1. Classe:
die unabgetheilten Descendenten;
2. Classe:
die Ascendenten;
3. Classe:
die abgetheilten Descendenten;
4. Classe:
die vollbürtigen Geschwister u. s. w.

Eine Classe schließt die andere aus.[2])

Die Ascendenten bleiben auch nach der Grundtheilung Notherben ihrer abgetheilten Descendenten.[3])

Abgetheilte Kinder können von ihren Eltern weder Aussteuer noch Ausfertigung beanspruchen.[4])

6. Vorbehalt der großelterlichen Erbschaft.

Wenn die von ihren eigenen Ascendenten nicht abgetheilten Eltern Grundtheilung mit ihren Kindern pflegen, so müssen sich letztere

[1]) Landr. S. 70 §§ 8, 9; Comm. S. 45—48; Weber §§ 154, 155, 156, 158; Spies § 45 S. 102.

[2]) s. oben § 67.

[3]) s. oben § 68.

[4]) s. oben § 41.

bei dieser Grundtheilung den Anspruch auf den ihrem Abtheilungsvermögen entsprechenden Antheil an dem Erbvermögen, welches ihre Eltern von ihren eigenen Ascendenten noch zu erwarten haben, bei Verlust dieses Anspruches vorbehalten. Mit dem Erwerb dieses Erbvermögens durch die Eltern haben dann deren abgetheilte Descendenten den Anspruch auf Nachtheilung; sie müssen aber das von den Großeltern vor oder nach der Grundtheilung bereits Erhaltene einwerfen, es wäre ihnen denn die Collation von den Großeltern erlassen worden.[1]) Die zur Zeit der Grund theilung noch minderjährigen Descendenten können binnen eines halben Jahres nach erreichter Volljährigkeit gegen die Versäumung des Vorbehalts Wiedereinsetzung in den vorigen Stand verlangen.[2])

II.
Die Collation.

§ 76.

1. Collationspflicht:

Die Collation findet nur unter Miterben

---

[1]) Landr. S. 98 § 4; S. 102 § 17; S. 138, 139, 140 §§ 5, 6, 7, 8, 9, 10. Comm. S. 75, 80, 113—117; Weber §§ 168, 560, 665, 666, 667, 668, 717, 718, 736, 907, 943; Spies § 77 S. 146, 147; § 10 S. 163.

[2]) Landr. S. 140 § 9; Comm. S. 116; Weber §§ 560 665, 907; Spies § 77 S. 146, 147.

statt.[1]) Zur Collation sind die pflichttheilsberechtigten Ascendenten und Descendenten des Erblassers verpflichtet; jedoch haben Descendenten des Erblassers, welche infolge stattgehabter Grundtheilung nur noch Intestaterben desselben sind und als solche erben, das nach der Grundtheilung vom Erblasser Empfangene einzuwerfen, wenn es von demselben angeordnet wurde.[2])

Ein Descendent, der vom Erblasser bereits mehr als den ihm gebührenden Erbtheil erhalten hat, hat Alles vom Erblasser bereits Erhaltene einzuwerfen, gleichviel ob er sich der Erbschaft entschlägt oder nicht; hat ihm aber der Erblasser die Collation erlassen, so hat er nur so viel einzuwerfen, als notwendig ist, um den übrigen Miterben den Pflichttheil zu verschaffen.[3])

Der Erblasser kann die Collation nur unbeschadet des Pflichttheils der übrigen Miterben und nur mit Zustimmung der eingekindschafteten Kinder erlassen.[4])

---

[1]) Landr. S. 98 § 6; Comm. S. 75.

[2]) Landr. S. 97 § 2; Weber § 168; Spies § 10 S. 163.

[3]) Landr. S. 98—100 §§ 6—10; Comm. S. 75—78; Weber §§ 177, 178, 179, 180, 181; Spies § 7 S. 162, § 9 S. 157, § 15 S. 167; Slg. Bd. 4 S. 844, Bd. 10 S. 641 ff; Roth Bd. III S. 743 A. 16.

[4]) Landr. S. 105 § 24; S. 314 § 15; Weber §§ 180, 972; Spies § 14 S. 166; Comm. S. 377.

Ist jemand an Stelle seiner verstorbenen Eltern zur Erbschaft eines Ascendenten berufen, so ist er sowohl bezüglich dessen, was er selbst, als auch bezüglich dessen, was seine verstorbenen Eltern vom Erblasser erhalten haben, zur Collation verpflichtet, gleichviel ob er die Erbschaft seiner verstorbenen Eltern angetreten hat oder nicht.[1])

Sind Ascendenten mit Seitenverwandten kraft gesetzlichen Erbrechts zur Erbschaft berufen, so findet keine Collation statt.[2])

Die Collation findet statt bei Erbtheilungen, bei Grundtheilungen und bei der Vorausregulierung.[3])

2. Gegenstand der Collation:

Einzuwerfen ist Alles, was der Erblasser dem Collationspflichtigen weder geschenkt, noch in Erfüllung einer Verbindlichkeit gegeben hat.

Nicht einzuwerfen ist daher, was die Eltern auf die ihren Standes- und Vermögensverhältnissen entsprechende Erziehung und Ausbildung eines Kindes verwendet haben; wohl aber ist einzuwerfen die Dos (Aussteuer

---

[1]) Landr. S. 98 § 3; S. 102 § 16; Comm. S. 75, 80; Weber §§ 168, 180; Spies § 2 S. 161, § 7. S. 162, § 10 S. 163.

[2]) Landr. S. 98 § 5; Comm. S. 75; Weber § 168; Spies §§ 2, 3 S. 161; Roth Bd. III S. 741 A. 5.

[3]) Landr. S. 104 § 23; Comm. S. 84; Weber § 167; Spies § 4 S. 161; s. oben § 64.

und Ausfertigung) und der Hochzeitsverlag.[1]) Haben die Eltern auf die Erziehung und Ausbildung eines Kindes Aufwendungen gemacht, welche ihre Standes- und Vermögensverhältnisse übersteigen, so sind diese Aufwendungen, soweit sie die Standes- und Vermögensverhältnisse der Eltern übersteigen, einzuwerfen, wenn durch dieselben das Beste des Kindes gefördert wurde; anderen Falls hängt es von dem richterlichen Ermessen ab, ob und wie weit diese Aufwendungen einzuwerfen sind.[2])

Der Voraus der eingekindschafteten Kinder unterliegt nicht der Collation.[3])

Der Nutzen, welcher aus den einzuwerfenden Sachen vor oder nach der Zeit des Anfalls der Erbschaft gezogen wurde, braucht nicht eingeworfen zu werden.[4])

Geht eine Sache durch Zufall unter, so braucht sie nicht eingeworfen zu werden; wird

---

[1]) Landr. S. 100—102 §§ 10, 11, 12, 13, 15; Comm. S. 78, 79; Weber §§ 170, 171; Spies § 13 S. 164, § 14 S. 166; Slg. Bd. IV S. 697; Bl. f. RA. Bd. 39 S. 269, 370; Roth Bd. III S. 745 A. 5; S. 748 A. 13.

[2]) Landr. S. 101 §§ 13, 14; Comm. S. 79; Weber §§ 171, 172, 173; Spies § 13 S. 164.

[3]) Comm. S. 268.

[4]) Landr. S. 104 § 22; Comm. S. 83; Weber § 170; Spies § 13 S. 165; Bl. f. RA. 1. Erg. Bd. S. 369.

eine Sache durch Zufall in ihrem Werthe gemindert, so braucht nur diese minderwerthige Sache eingeworfen zu werden.[1])

3. Art der Collation:

Die Collation geschieht dadurch, daß der Werth der einzuwerfenden Sache dem collationspflichtigen Miterben auf seinen Erbtheil angerechnet wird.[2])

Der Werth der einzuwerfenden Sachen bemißt sich nach dem Zeitpunkte, in welchem der Collationspflichtige sie vom Erblasser erhalten hat.[3])

III.

Das Vorwahlrecht.

§ 77.

1. Vorwahlberechtigte Personen:

a) bei Erbtheilungen:

Bei Erbtheilungen unter Descendenten steht dem jüngsten Sohne des Erblassers das Recht zu, den häuslichen Ansitz, die dazu gehörigen Liegenschaften und Gerecht-

---

[1]) Landr. S. 103 § 18; Comm. S. 80, 81, 82; Weber § 180, 181; Spies § 14 S. 166.

[2]) Landr. S. 104 § 21; Comm. S. 83; Weber §§ 177, 178; Spies § 15 S. 167; Roth Bd. III S. 752 A. 1.

[3]) Landr. S. 103 § 19; Comm. S. 82, 83; Weber §§ 177, 178; Spies § 15 S. 167; Roth Bd. III S. 754 A. 5.

same um den Schätzungswerth in Anspruch zu nehmen.[1])

Nach diesem Vorwahlrecht des jüngsten Sohnes besteht ein Vorwahlrecht für sämmtliche Miterben des Inhalts, daß jeder einzelne Miterbe diejenigen Rücklaßgegenstände, welche er vermöge seines Geschlechtes, Standes, Berufes u. s. w. vorzugsweise brauchen kann, um den Schätzungswerth für sich beanspruchen kann, falls nicht der Erblasser etwas Anderes bestimmt hat.[2])

b) bei Grundtheilungen und bei Gutsübergaben:

Wenn zwischen Eltern und ihren leiblichen Kindern Grundtheilung oder Gutsübergabe stattfindet, so steht den Eltern das Vorwahlrecht in der Weise zu, daß sie ein beliebiges Vermögensstück und also auch den häuslichen Ansitz sich auswählen, daß sie das Vorwahlrecht auf den häuslichen Ansitz aufheben oder einem ihrer Kinder zuwenden können. Machen die Eltern von

---

[1]) Landr. S. 90 §§ 3, 4, 5, 6; Comm. S. 68; Weber §§ 183, 186—189; 196, 200; Spies § 3 S. 170; Roth Bd. III S. 614 A. 27.

[2]) Landr. S. 89 § 1; Comm. S. 67; Weber § 184; Spies § 1 S. 168; Roth Bd. III S. 738.

diesem Rechte keinen Gebrauch, so tritt das Vorwahlrecht des jüngsten Sohnes auf den häuslichen Ansitz ein.[1])

Findet die Grundtheilung zwischen den Eltern, ihren leiblichen Kindern und ihren Stiefkindern oder zwischen den Eltern und ihren Stiefkindern statt, so steht den Eltern kein Vorwahlrecht zu, wenn ihnen dieses Recht nicht im Ehevertrag mit Zustimmung aller Theilungsinteressenten eingeräumt ist.[2])

Wenn zwischen dem verwittweten Eltern theil und seinen leiblichen Kindern behufs Wiederverehelichung Grundtheilung stattfindet, so steht dem verwittweten Elterntheil das Vorwahlrecht in der Weise zu, daß er sich ein beliebiges Vermögensstück und also auch den häuslichen Ansitz auswählen kann. Macht der verwittwete Elterntheil von diesem Rechte keinen Gebrauch, so tritt das Vorwahlrecht des jüngsten Sohnes ein. Der verwittwete Eltern theil ist nicht befugt, das Vorwahlrecht

---

[1]) Landr. S. 90, 91, 92, §§ 6, 7, 9; S. 93, 94 §§ 13, 16, 17, 18; Comm. S. 68, 69, 70, 71, 72; Weber §§ 190, 192, 193, 195, 196, 686, 687, 757, 758, 759, 760, 1003; Spies § 2 S. 169, § 3 S. 170; § 5 S. 172, 173.

[2]) Landr. S. 94 § 15; Comm. S. 72; Weber §§ 759, 760, 1003; Spies § 2 S. 169.

aufzuheben oder den häuslichen Ansitz einem anderen seiner Kinder zuzuwenden.[1])

2. Wegfall des Vorwahlrechtes:

Wenn durch die Ausübung des Vorwahlrechtes seitens des Berechtigten die Erbtheile der übrigen Miterben beschwert, geschmälert, oder beeinträchtigt werden, so fällt das Vorwahlrecht weg.[2])

Hat Einkindschaftung stattgefunden, so findet ein Vorwahlrecht des jüngsten Sohnes aus einer der Ehen auf den häuslichen Ansitz nicht statt, selbst wenn im Zeitpunkte der Theilung nur Kinder aus einer Ehe vorhanden sind; es kann aber im Ehevertrag mit Zustimmung aller Theilungsinteressenten dem jüngsten Sohne aus einer der Ehen das Vorwahlrecht auf den häuslichen Ansitz eingeräumt werden.[3])

Das Vorwahlrecht fällt weg, wenn dasselbe von dem vorwahlberechtigten Descendenten zu

---

[1]) Landr. S. 91 §§ 7, 8, 9; S. 93 § 13; S. 94 §§ 16, 17; S. 95 § 19; Comm. S. 68—73; Weber §§ 192, 195, 196, 686, 687, 757, 758, 759, 760, 975, 1003; Spies § 2 S. 169, 170; § 3 S. 170; § 5 S. 171, 173.

[2]) Landr. S. 95, 96 §§ 21, 22; Comm. S. 73; Weber § 201; Spies § 5 S. 171.

[3]) Landr. S. 92, 93 §§ 10, 11, 14; S. 95 § 19; Comm. S. 70, 71, 72, 73; Weber §§ 757, 758; Spies § 5 S. 171, 172.

dem Zwecke ausgeübt würde, um das durch die Vorwahl Erlangte zu veräußern; eine Ausnahme besteht nur bezüglich der minderjährigen Miterben; die Veräußerung muß aber in diesem Falle zum Vortheil des Minderjährigen sein und darf nur an einen Miterben geschehen.[1])

3. Abtretung des Vorwahlrechtes:

Der vorwahlberechtigte Descendent kann sein Vorwahlrecht an einen Miterben abtreten, jedoch, wenn er noch unter elterlicher Gewalt steht, nur gegen Entgelt; steht er nicht mehr unter elterlicher Gewalt, nur mit Zustimmung der Miterben.[2])

4. Entziehung des Vorwahlrechtes:

Das Vorwahlrecht auf den häuslichen Ansitz, welches dem jüngsten Sohne auf Grund gesetzlicher oder vertragsmäßiger Bestimmung zusteht, kann demselben durch letztwillige Verfügung nicht entzogen werden.[3])

---

[1]) Landr. S. 96 § 24; Comm. S. 74, 75; Weber §§ 198, 199; Spies § 4 S. 171.

[2]) Landr. S. 96 § 23; Comm. S. 73, 74; Weber § 199; Spies § 4 S. 171.

[3]) Landr. S. 95 § 20; Comm. S. 73; Weber §§ 195, 196, 197.

IV.

Feststellung des Schätzungswerthes der Theilungsobjekte.*

§ 78.

Bei Theilungen gemeinschaftlichen Vermögens wird der Werth der zu theilenden Gegenstände durch Uebereinkommen der Theilungsinteressenten und beim Mangel eines Uebereinkommens durch Sachverständige festgestellt. Auf eine Feststellung des Werthes durch Versteigerung braucht sich keiner der Theilungsinteressenten einzulassen.[1])

Bei Feststellung des Werthes der Theilungsobjekte durch Sachverständige hat das betheiligte Gericht einen Sachverständigen aufzustellen; jeder der Theilungsinteressenten kann einen Sachverständigen aufstellen.[2])

Die Sachverständigen sind durch das Gericht zu verpflichten; die bereits verpflichteten sind an ihren Eid zurückzuerinnern.[3]) Jeder der Sachverständigen hat sein Gutachten einzeln schriftlich oder zu gerichtlichem Protokoll abzugeben. Sachgesammtheiten z. B. Anwesen sind als solche zu schätzen, nicht in ihren

---

*) Die Bestimmungen des § 78 finden nicht bloß bei Erbtheilungen, Grundtheilungen u. s. w. Anwendung, sondern bei jeder Theilung gemeinschaftlichen Vermögens.

[1]) Landr. S. 344 §§ 1, 2, 3; S. 349 § 15; Spies § 7 S. 18; Weber §§ 1251; Comm. S. 424, 425; Fick S. 188.

[2]) Landr. S. 345 § 4; Comm. S. 426; Weber § 1255; Spies § 7 S. 18.

[3]) Landr. S. 346 § 7; Weber §§ 1257; Spies § 7 S. 18.

einzelnen Bestandtheilen.[1]) Aus der Gesammtzahl der Schätzungen hat das Gericht den mittleren Werth der Sache zu bestimmen.[2])

Hat sich ein Sachverständiger bei der Schätzung eine Pflichtverletzung zu Schulden kommen lassen, so kann dessen Schätzung innerhalb 14 Tagen nach deren Bekanntgabe an die Theilungsinteressenten angefochten werden. Wird die Pflichtverletzung erwiesen, so ist die Schätzung dieses Sachverständigen ungiltig und ist neuerliche Schätzung durch einen anderen Sachverständigen beizubringen.[3])

Im Uebrigen ist die Instruktion für die Hypothekschätzer anzuwenden.[4])

---

[1]) Landr. S. 347 §§ 9, 10; Weber § 1260; Spies § 7 S. 18.

[2]) Landr. S. 347 § 11; Comm. S. 427, 428; Weber § 1261; Spies § 7 S. 19.

[3]) Landr. S. 348 § 12; Weber § 1264.

[4]) Beilage V zur Instruktion v. 13/III 1823 über den Vollzug des Hyp.-Gesetzes v. 1/VI 1822.

Dritter Abschnitt.

Regulirung der Erbschaft.

§ 79.

1. Gerichtliche Behandlung der Verlassenschaft:

Die Verlassenschaften werden in der Regel gerichtlich behandelt. Soweit nicht gerichtliche Behandlung eintritt, ist die Auseinandersetzung der Verlassenschaften Sache der Betheiligten. Gerichtliche Behandlung der Verlassenschaften findet statt:

a) in allen Fällen, in welchen zu obsigniren ist;
b) in allen Fällen, in welchen eine letztwillige Verfügung vorhanden ist;
c) in allen übrigen Fällen, in denen die gerichtliche Behandlung beantragt wird.[1]) Die Fälle, in denen nur auf Antrag die gerichtliche Behandlung der Verlassenschaft erfolgt, sind regelmäßig solche, bei denen Gegenstände zum Nachlaß gehören, über welche ohne Erbschaftszeugniß nicht verfügt werden kann (Immobilien, Hypotheken, vinkulirte Werthpapiere u. s. w.).

---

[1]) Landr. S. 64 § 11; S. 73, 74 §§ 1, 3, 4; S. 61 § 2; Weber §§ 1210 ff.; Spies S. 21 ff.; Roth Bd. III S. 777, 778, 779, 782.

Da die Betheiligten immer erst dann Antrag auf gerichtliche Behandlung der Verlassenschaft stellen, wenn sie aus irgend einem Grunde hiezu gezwungen sind, oft erst nach vielen Jahren, die Verlassenschaftsbehandlung aber um so schwieriger wird, je später sie erfolgt, so ist es im Interesse der Betheiligten und des Nachlaßgerichtes gelegen, den Antrag, der früher oder später doch gestellt werden muß, nicht abzuwarten, sondern sofort die gerichtliche Behandlung der Verlassenschaft einzuleiten, wenn aus der Todesanzeige ersichtlich ist, daß zum Nachlaß Gegenstände gehören, über welche ohne Erbschaftszeugniß nicht verfügt werden kann.[1])

2. Zuständigkeit:

Zuständig zur Behandlung der Verlassenschaft ist dasjenige Amtsgericht, in dessen Bezirk der Erblasser seinen letzten Wohnsitz gehabt hat.[2])

3. Obsignation:

Die Obsignation des Nachlasses hat das Nachlaßgericht vorzunehmen.

Die Obsignation findet in allen Fällen statt, außer wenn ausschließlich nicht kuratelmäßige Notherben vorhanden sind oder ein Testaments-

---

[1]) Wagner, Handbuch S. 152 A. 1.

[2]) Landr. S. 73 § 1; Weber § 1227; Spies § 2 S. 14.

vollstrecker vorhanden ist, dem der Nachlaß sofort überwiesen werden kann.[1])

Das Nachlaßgericht haftet für den aus unterlassener oder verspäteter Obsignation entspringenden Schaden.[2])

Die Obsignation wird aufgehoben, sobald der Nachlaß den Berechtigten ausgeantwortet werden kann.[3])

4. Publikation der letztwilligen Verfügungen:

Die Publikation der letztwilligen Verfügungen steht dem Testamentsvollstrecker und beim Mangel eines solchen dem Nachlaßgerichte zu.[4])

5. Vollzug der letztwilligen Verfügungen:

Der Vollzug der letztwilligen Verfügungen obliegt dem Testamentsvollstrecker, welchem zu diesem Behufe vom Nachlaßgerichte der Rücklaß zu überweisen ist.

Ist ein Testamentsvollstrecker nicht vorhanden, so obliegt der Vollzug dem Nachlaßgerichte.

Wenn der Vollzug dem Nachlaßgerichte obliegt, so hat dasselbe den Vollzug den Betheiligten zu

---

[1]) Landr. S. 64 §§ 11, 12; S. 73 § 1; Weber §§ 1226, 1227; Spies §§ 1, 2 S. 14; Roth Bd. III S. 782.

[2]) Landr. S. 73 § 1; Weber § 1226.

[3]) Landr. S. 73 § 3; Weber § 1230; Spies § 3 S. 15; Roth Bd. III S. 785.

[4]) Landr. S. 63 § 8; Comm. S. 41, 42, 43; Weber § 1215; Spies § 11 S. 13; Roth Bd. III S. 791, S. 809 A. 38.

überlassen, wenn diese insgesammt dieß beantragen.[1])

Der Testamentsvollstrecker hat zur Feststellung des Nachlasses ein amtliches Inventar zu errichten.[2])

Die übrigen Befugnisse und Obliegenheiten des Testamentsvollstreckers bestimmen sich nach Art. 29—35 des Not.-Gesetzes v. 10/XI 1861, §§ 120—124 der Instruktion v. 1/VI 1862 zum Vollzuge des Not.-Gesetzes v. 10/XI 1861.

---

[1]) Landr. S. 61, 62 §§ 1, 2, 6; S. 64 § 11; S. 65 § 12; Weber §§ 1212, 1213, 1215—1219; Spies § 10 S. 13; Roth Bd. III S. 783 A. 48, S. 806, 810.

[2]) Landr. S. 65 § 12; Roth Bd. III S. 807 A. 29; Zink, Commentar S. 150; Bl. f. RA. Bd. 50 S. 337 ff.; 8. Erg. Bd. S. 1 ff.

Erster Anhang.

Die sog. Wirthshausverträge.

§ 80.

Die Verordnung vom 3. November 1770 bestimmt:

Verträge, welche in Gast-, Schenk-, Zech- und Wirthshäusern geschehen oder nach bewandten Umständen zu geschehen hätten, müssen vor zwei ehrlichen Männern zu Stande gebracht werden. Diese müssen bezeugen, daß der Vertrag „mit sichtbarer guter Vernunft" beider Theile, folglich ohne Berauschung abgeschlossen wurde. Die Zeugen sind Beweiszeugen. Diese Bestimmungen bezüglich der Wirthshausverträge sind analog anzuwenden auf alle Verträge, bei welchen den Vertragschließenden durch Trinken zugesetzt wird.[1])

Von diesen Vorschriften bezüglich der Wirthshausverträge ist auch der Wirth, der in seinem Wirthshause mit Gästen Verträge schließt, nicht ausgenommen.[2])

---

[1]) Weber S. 815, 816.

[2]) Bl. f. RA. Bd. 32 S. 25.

Zweiter Anhang.

Verhältniß des Bamberger Rechts zum Bürgerlichen Gesetzbuch.

A.

Im Allgemeinen.

§ 81.

Das Bürgerliche Gesetzbuch hat gegenüber den Landesrechten den Charakter einer Kodifikation, welche den ihr angehörigen Rechtsstoff ausschließlich d. h. dergestalt regelt, daß neben ihr keine anderweitigen Rechtsnormen Geltung haben oder künftig Geltung erlangen. Das Landesprivatrecht wird in seiner Gesammtheit aufgehoben und ausgeschlossen. Jede privatrechtliche Bestimmung des Landesrechts muß, wenn sie ausnahmsweise in Geltung bleiben soll, durch einen Vorbehalt geschützt, jedes Institut, welches ausnahmsweise partikularrechtlicher Regelung überlassen bleiben soll, als solches bezeichnet sein.[1]) Es bestimmt deshalb Art. 55 des Einführungsgesetzes zum Bürgerlichen Gesetzbuch:

„Die privatrechtlichen Vorschriften der Landesgesetze treten außer Kraft, soweit nicht in

[1]) Motive z. Einf. Gesetz S. 146.

dem Bürgerlichen Gesetzbuch oder in dem Einführungsgesetz zum bürgerlichen Gesetzbuch ein Anderes bestimmt ist."

Das geltende Bamberger Recht enthält ausschließlich privatrechtliche Vorschriften. Mit dem Inkrafttreten des Bürgerlichen Gesetzbuchs treten dieselben daher außer Kraft, soweit nicht in dem Bürgerlichen Gesetzbuche oder in dem Einführungsgesetz zum B. G. B. etwas Anderes bestimmt ist. Auf Grund dieses Vorbehalts bleiben auch nach dem 1. Januar 1900 für manigfache Rechtsverhältnisse Bestimmungen des Bamberger Rechts in Kraft.

Im Nachstehenden soll in Kürze dargestellt werden, welche Bestimmungen des Bamberger Rechts auch nach dem Inkrafttreten des Bürgerlichen Gesetzbuchs noch Geltung behalten. Hiebei ist aber nicht bezweckt, eine eingehende Darstellung des Rechtszustandes im Gebiet des Bamberger Rechts nach dem Inkrafttreten des B. G. B.'s zu geben, da eine solche Darstellung erst nach Erlassung des bayerischen Ausführungsgesetzes zum Bürgerlichen Gesetzbuch gegeben werden kann; sondern bezweckt ist nur, auf diejenigen Materien des Bamberger Rechts hinzuweisen, welche in dem zu erlassenden bayerischen Ausführungsgesetz zum B. G. B. zu berücksichtigen sind, wenn sie nicht nach Maßgabe des Einführungsgesetzes zum B. G. B. auch nach dem 1. Januar 1900 in Kraft bleiben sollen.

B.

Im Besonderen.

§ 82.

I. Eheliches Güterrecht.

Für den Güterstand einer zur Zeit des Inkrafttretens des B. G. B.'s bestehenden Ehe bleiben die bisherigen Gesetze maßgebend. Dieß gilt insbesondere auch von den Vorschriften über die erbrechtlichen Wirkungen des Güterstandes.[1])

Ist der Güterstand einer vor dem Inkrafttreten des Bürgerlichen Gesetzbuchs geschlossenen Ehe nach dem bisherigen Rechte zu beurtheilen, so liegt darin zugleich, daß das bisherige Recht auch für die Aufhebung des Güterstandes maßgebend bleibt; es hat daher auch die Vermögensauseinandersetzung geschiedener Ehegatten nach dem für den Güterstand der Ehegatten maßgebenden bisherigen Rechte zu erfolgen.[2])

Es bleibt sonach das Bambergische eheliche Güterrecht, einschließlich des ehelichen Gütererbrechts für die am 1. Januar 1900 bestehenden Ehen in Kraft.

Abweichend vom ehelichen Güterrecht bestimmen sich die persönlichen Rechtsbeziehungen der Ehegatten zu einander auch für die zur Zeit des Inkrafttretens des Bürgerlichen Gesetzbuchs be-

---

[1]) Einf. Gesetz z. B. G. B. Art. 200 Abs. 1.

[2]) Motive zum Einf. Gesetz S. 290.

stehenden Ehen nach dessen Vorschriften, nicht nach bisherigem Recht.[1]) Was das Bürgerliche Gesetzbuch unter „persönlichen Rechtsbeziehungen der Ehegatten“ versteht, enthalten die §§ 1353—1363 des Bürgerlichen Gesetzbuchs.[2])

II. Die Einkindschaft.

Einkindschaftsverträge, welche vor dem Inkrafttreten des Bürgerlichen Gesetzbuchs abgeschlossen wurden, werden nach dem bisherigen Rechte beurtheilt.[3]) Das Institut der Einkindschaft selbst ist dem Bürgerlichen Gesetzbuch fremd. Wenn daher ein verwittweter Ehegatte, der in fortgesetzter allgemeiner Gütergemeinschaft nach Bamberger Landrecht lebt, unter der Herrschaft des Bürgerlichen Gesetzbuchs zur Wiederverehelichung schreitet, so ist die Einkindschaftung der Vorkinder ausgeschlossen und kann also die Vermögensauseinandersetzung mit denselben nur durch Grundtheilung oder ausnahmsweise durch Herausgabe des Ehe-Einbringens des † Ehegatten erfolgen. (S. oben § 62).[4])

---

[1]) Einf. Gesetz z. B. G. B. Art. 199.

[2]) Motive S. 279, 280.

[3]) Motive S. 288.

[4]) Motive S. 287, 288. Die in den Motiven a. a. O. ausgesprochene Ansicht, daß zwar die vertragsmäßige, nicht aber die gesetzliche und die stillschweigende Einkindschaft in dem im Texte bezeichneten Fall ausgeschlossen sei, dürfte unrichtig sein. —

III. Rechtsverhältniß zwischen Eltern und ehelichen Kindern.

Die Ehelichkeit eines vor dem Inkrafttreten des B. G. B.'s gebornen Kindes ist nach bisherigem Rechte (oben § 41) zu beurtheilen.[1]) Im Uebrigen bestimmt sich das Rechtsverhältniß zwischen den Eltern und einem vor dem Inkrafttreten des B. G. B.'s gebornen ehelichen Kinde von dem Inkrafttreten des Bürgerlichen Gesetzbuchs an nach dessen Vorschriften; dies gilt insbesondere auch in Ansehung des Vermögens, welches das Kind vorher erworben hat.[2]) Die einschlägigen Bestimmungen sind im 4. Buch, 2. Abschnitt 3. und 4. Titel des Bürgerlichen Gesetzbuchs enthalten.

Nach Bamberger Landrecht steht dem Stiefvater während der Dauer der Ehe die elterliche Gewalt über seine Stiefkinder zu (oben § 42); beim Wegfall der elterlichen Gewalt des Stiefvaters tritt die elterliche Gewalt der leiblichen Mutter wieder ein. Dieser bisherige Rechtszustand wird durch das Bürgerliche Gesetzbuch geändert; denn eine elterliche Gewalt des Stiefvaters gibt es nach dem Bürgerlichen Gesetzbuch nicht und in § 1697 des B. G. B.'s ist bestimmt, daß die Mutter durch Wiederverehelichung die elterliche Gewalt verliert. Mit dem Inkrafttreten des

---

[1]) Motive S. 291.

[2]) Einf. Gesetz Art. 203.

Bürgerlichen Gesetzbuchs ist daher über alle minderjährigen ehelichen Kinder, deren Mutter eine neue Ehe eingegangen hat, Vormundschaft gemäß §§ 1773 ff. des B. G. B.'s einzuleiten.

Ist auf Grund der bisherigen Gesetze eine Ehe geschieden worden, so bestimmt sich das Recht und die Pflicht der Eltern, für die Person der gemeinschaftlichen Kinder zu sorgen (B. G. B. §§ 1626 ff.), nach dem bisherigen Recht (oben § 42); es finden jedoch die Vorschriften des Bürgerlichen Gesetzbuchs § 1635 Abs. 1 Satz 2, Abs. 2 und des § 1636 Anwendung.[1]) Das Recht und die Pflicht der Eltern, für das Vermögen der gemeinschaftlichen Kinder zu sorgen (Vermögensverwaltung), bestimmt sich aber vom Inkrafttreten des Bürgerlichen Gesetzbuchs an nach dessen Vorschriften.

Inwieweit die Kinder aus einer vor dem Inkrafttreten des Bürgerlichen Gesetzbuchs geschlossenen nichtigen oder ungiltigen Ehe als eheliche Kinder anzusehen sind, und inwieweit der Vater und die Mutter die Pflichten und Rechte ehelicher Eltern haben, bestimmt sich nach dem bisherigen Recht (oben § 41).[2])

IV. Rechtsverhältnisse der unehelichen Kinder:

---

[1]) Einf. Ges. Art. 206.

[2]) Einf. Ges. Art. 207; Motive S. 295.

Die rechtliche Stellung eines vor dem Inkrafttreten des Bürgerlichen Gesetzbuchs gebornen unehelichen Kindes bestimmt sich von dem Inkrafttreten des Bürgerlichen Gesetzbuchs an nach dessen Vorschriften; für die Erforschung der Vaterschaft, sowie für die Unterhaltspflicht des Vaters bleiben jedoch die bisherigen Gesetze (oben §§ 49, 47 maßgebend.[1])

Nach bisherigem Recht (oben § 47) bestimmt sich auch, inwieweit ein vor dem Inkrafttreten des Bürgerlichen Gesetzbuchs (durch nachfolgende Ehe) legitimirtes Kind die rechtliche Stellung eines ehelichen Kindes hat und inwieweit der Vater und die Mutter die Pflichten und Rechte ehelicher Eltern haben.[2])

V. Erbrecht.

Stirbt der Erblasser vor dem Inkrafttreten des Bürgerlichen Gesetzbuchs, so bleiben für die erbrechtlichen Verhältnisse die bisherigen Gesetze maßgebend; stirbt der Erblasser nach dem Inkrafttreten des Bürgerlichen Gesetzbuchs, so sind für die erbrechtlichen Verhältnisse die Vorschriften des Bürgerlichen Gesetzbuchs maßgebend.[3])

Diese Regel hat folgende Ausnahmen:

---

[1]) Einf. Gesetz Art. 208; Motive S. 296 ff.

[2]) Einf. Gesetz Art. 209.

[3]) Einf. Gesetz Art. 213; Motive S. 305.

1. Die **vor** dem Inkrafttreten des Bürgerlichen Gesetzbuchs erfolgte Errichtung oder Aufhebung einer Verfügung von Todeswegen wird **immer** nach den bisherigen Gesetzen beurtheilt, während der Inhalt einer Verfügung von Todeswegen beurtheilt wird:
   a) nach bisherigem Recht, wenn der Erblasser **vor** dem Inkrafttreten des Bürgerlichen Gesetzbuchs stirbt;
   b) nach den Bestimmungen des Bürgerlichen Gesetzbuchs, wenn der Erblasser **nach** dem Inkrafttreten des Bürgerlichen Gesetzbuchs stirbt;[1])
2. Die **vor** dem Inkrafttreten des Bürgerlichen Gesetzbuchs erfolgte Errichtung oder Aufhebung eines Erbvertrags oder gemeinschaftlichen Testaments wird immer nach den bisherigen Gesetzen beurtheilt, während der Inhalt eines Erbvertrags oder eines gemeinschaftlichen Testaments beurtheilt wird:
   a) bezüglich der Bindung des Erblassers d. h. bezüglich der Frage, ob der Ueberlebende nach Annahme der Erbschaft des Verstorbenen noch in der Lage sei, die von ihm (d. i. dem Ueberlebenden) zu Gunsten Dritter in dem Erbvertrag oder gemeinschaftlichen Testamente

---

1) Einf. Ges. Art. 214 Abs. 1; Motive S. 308, 311.

getroffenen Anordnungen zu widerrufen, nach bisherigem Recht;

b) bezüglich des übrigen Inhalts:

α) nach bisherigem Recht, wenn der Erblasser vor dem Inkrafttreten des Bürgerlichen Gesetzbuchs stirbt;

β) nach den Bestimmungen des Bürgerlichen Gesetzbuchs, wenn der Erblasser nach dem Inkrafttreten des Bürgerlichen Gesetzbuchs stirbt.[1])

3. Die vor dem Inkrafttreten des Bürgerlichen Gesetzbuchs erfolgte Errichtung oder Aufhebung eines Erbverzichtsvertrages, sowie die Wirkungen eines solchen Vertrags bestimmen sich nach bisherigem Recht, mag nun der Erblasser vor oder nach dem Inkrafttreten des Bürgerlichen Gesetzbuchs sterben.[2])

VI. Schuldverhältnisse.

Für ein Schuldverhältniß, das vor dem Inkrafttreten des Bürgerlichen Gesetzbuchs entstanden ist, bleiben die bisherigen Gesetze maßgebend.[3]) Es bestimmen sich also nach bisherigem Recht die Entstehung, der Inhalt, der Umfang und die Wirkungen eines solchen Schuldverhältnisses. Die

---

[1]) Einf. Ges. Art. 214 Abs. 2; Motive S. 311, 312.

[2]) Einf. Gesetz Art. 217.

[3]) Einf. Gesetz Art. 170.

Vorschriften des Bürgerlichen Gesetzbuchs finden daher keine Anwendung:

1. auf ein Schuldverhältniß aus einem Rechtsgeschäfte unter Lebenden, wenn das Rechtsgeschäft vor dem Inkrafttreten des Bürgerlichen Gesetzbuchs vorgenommen wurde;

2. auf ein Schuldverhältniß aus einer unerlaubten Handlung, welche der Zeit vor dem Inkrafttreten des Bürgerlichen Gesetzbuchs angehört;

3. auf ein Schuldverhältniß, welches auf einem anderen Grunde als einem Rechtsgeschäfte unter Lebenden oder einer unerlaubten Handlung beruht, wenn der zu Grunde liegende Thatbestand vor dem Inkrafttreten des Bürgerlichen Gesetzbuchs sich verwirklicht hat.[1])

VII. Ueberleitungsbestimmungen.

Eine nach den Vorschriften des Bürgerlichen Gesetzbuchs zulässige Regelung des ehelichen Güterstands kann durch Ehevertrag auch dann getroffen werden, wenn nach den bisherigen Gesetzen (oben §§ 4, 5) ein Ehevertrag unzulässig sein würde.[2])

Soweit die bisherigen Landesgesetze maßgebend bleiben, können sie nach dem Inkrafttreten des

---

[1]) Motive S. 255 ff.

[2]) Einf. Gesetz Art. 200 Abs. 2.

Bürgerlichen Gesetzbuchs durch Landesgesetz auch geändert werden[1].)

Durch diese beiden Bestimmungen des Einführungsgesetzes z. B. G. B. soll die Ueberleitung bestehender Rechtsverhältnisse aus dem alten in's neue Recht ermöglicht werden; Art. 218 des Einf. Gesetzes ermächtigt die Landesgesetzgebung zur Änderung ihrer für die Uebergangszeit maßgebend bleibenden Vorschriften. —

[1]) Einf. Ges. Art. 218.

Alphabetisches Register.

Die Ziffern bezeichnen die Seiten.

H.

J.

K.

L.

M.

N.

O.

P.

R.

S.

Kolibri 360 GmbH
Ferdinand-Jühlke-Straße 7
99095 Erfurt, Deutschland
produktsicherheit@kolibri360.de